GSAT

Global Samsung Aptitude Test

5급 고졸채용

최종모의고사

SD에듀
(주)시대고시기획

2024 최신판 SD에듀 삼성 온라인 GSAT 5급 고졸채용
최종모의고사 7회 + 무료5급특강

Always **with you**

사람의 인연은 길에서 우연하게 만나거나 함께 살아가는 것만을 의미하지는 않습니다.
책을 펴내는 출판사와 그 책을 읽는 독자의 만남도 소중한 인연입니다.
SD에듀는 항상 독자의 마음을 헤아리기 위해 노력하고 있습니다. 늘 독자와 함께하겠습니다.

머리말

삼성 경영철학의 최우선순위는 '인간존중' 이념으로, 삼성은 이를 구현하기 위해 일정한 지적 능력과 업무 수행능력만 있으면 누구든지 채용시험에 응시할 수 있도록 학력 제한 및 성차별을 제외했다. 이러한 삼성이 요구하는 지적능력과 업무수행능력을 평가하는 제1관문이 바로 삼성 직무적성검사(GSAT)이다.

삼성 직무적성검사는 직군별로 요구되는 일반능력과 지각능력, 사고의 유연성, 창의성 등을 측정해 입사 후 조직 내에서 발휘할 수 있는 직무수행능력과 직무적응력을 평가하는 것을 목적으로 한다.

실제 삼성 직무적성검사 기출문제를 살펴보면 난이도는 높지 않다고 하더라도 평소 꾸준히 준비하지 않으면 쉽게 통과할 수 없도록 구성되어 있다. 더군다나 입사 경쟁률이 날로 높아지는 오늘날과 같은 상황에서는 이에 대해 더욱 철저한 준비가 요구된다.

이에 SD에듀에서는 삼성에 입사하고자 하는 수험생들에게 좋은 길잡이가 되어주고자 다음과 같은 특징을 가진 본서를 출간하게 되었다.

도서의 특징

❶ 2023년 주요기업 생산직 기출복원문제 및 2023년 상반기에 출제된 삼성 직무적성검사 기출복원문제를 수록하여 출제 경향을 한눈에 파악할 수 있도록 하였다.

❷ 최신 출제 경향을 분석 · 연구하여 만든 영역별 유형문제를 통해 보다 체계적으로 공부할 수 있도록 하였다.

❸ 최종모의고사 5회와 도서 동형 온라인 실전연습 서비스를 제공하여 시험 직전 자신의 실력을 최종적으로 점검할 수 있도록 하였다.

'철저한 준비'는 단지 삼성에 입사하기 위해서뿐만 아니라 성공적인 직장생활을 위해서도 요구되는 덕목이다. 항상 준비하는 자세, 이것이 바로 삼성이 요구하는 인재상이다.

끝으로 본서를 통해 GSAT 5급을 준비하는 여러분 모두의 건강과 합격을 진심으로 기원한다.

SDC(Sidae Data Center) 씀

◑ 경영철학과 목표

1

인재와 기술을 바탕으로

- 인재 육성과 기술우위 확보를 경영 원칙으로 삼는다.
- 인재와 기술의 조화를 통해 경영 전반에 시너지 효과를 증대한다.

2

최고의 제품과 서비스를 창출하여

- 고객에게 최고의 만족을 줄 수 있는 제품과 서비스를 창출한다.
- 동종업계에서 세계 1군의 위치를 확보한다.

3

인류사회에 공헌한다

- 인류의 공동이익과 풍요로운 삶을 위해 기여한다.
- 인류공동체 일원으로서의 사명을 다한다.

◑ 핵심가치

인재제일
> '기업은 사람이다'라는 신념을 바탕으로 인재를 소중히 여기고 마음껏 능력을 발휘할 수 있는 기회의 장을 만들어 간다.

최고지향
> 끊임없는 열정과 도전정신으로 모든 면에서 세계 최고가 되기 위해 최선을 다한다.

변화선도
> 변화하지 않으면 살아남을 수 없다는 위기의식을 가지고 신속하고 주도적으로 변화와 혁신을 실행한다.

정도경영
> 곧은 마음과 진실되고 바른 행동으로 명예와 품위를 지키며 모든 일에 있어서 항상 정도를 추구한다.

상생추구
> 우리는 사회의 일원으로서 더불어 살아간다는 마음을 가지고 지역사회, 국가, 인류의 공동 번영을 위해 노력한다.

○ 경영원칙

1

법과 윤리를 준수한다.

- 개인의 존엄성과 다양성을 존중한다.
- 법과 상도의에 따라 공정하게 경쟁한다.
- 정확한 회계기록을 통해 회계의 투명성을 유지한다.
- 정치에 개입하지 않으며 중립을 유지한다.

2

깨끗한 조직 문화를 유지한다.

- 모든 업무활동에서 공과 사를 엄격히 구분한다.
- 회사와 타인의 지적 재산을 보호하고 존중한다.
- 건전한 조직 분위기를 조성한다.

3

고객, 주주, 종업원을 존중한다.

- 고객만족을 경영활동의 우선적 가치로 삼는다.
- 주주가치 중심의 경영을 추구한다.
- 종업원의 '삶의 질' 향상을 위해 노력한다.

4

환경·안전·건강을 중시한다.

- 환경친화적 경영을 추구한다.
- 인류의 안전과 건강을 중시한다.

5

글로벌 기업시민으로서 사회적 책임을 다한다.

- 기업시민으로서 지켜야 할 기본적 책무를 성실히 수행한다.
- 현지의 사회·문화적 특성을 존중하고 상생을 실천한다.
- 사업 파트너와 공존공영의 관계를 구축한다.

신입사원 채용 안내 INFORMATION

⟳ 모집시기

연 1~2회 공채 및 수시 채용(시기 미정)

⟳ 지원자격

❶ 고등학교 · 전문대 졸업 또는 졸업예정자

❷ 군복무 중인 자는 당해연도 전역 가능한 자

❸ 해외여행에 결격사유가 없는 자

⟳ 채용전형 절차

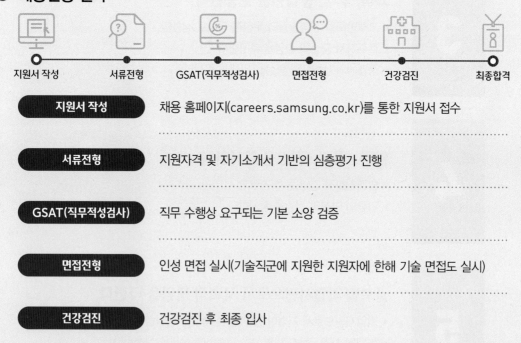

지원서 작성 → 서류전형 → GSAT(직무적성검사) → 면접전형 → 건강검진 → 최종합격

지원서 작성 — 채용 홈페이지(careers.samsung.co.kr)를 통한 지원서 접수

서류전형 — 지원자격 및 자기소개서 기반의 심층평가 진행

GSAT(직무적성검사) — 직무 수행상 요구되는 기본 소양 검증

면접전형 — 인성 면접 실시(기술직군에 지원한 지원자에 한해 기술 면접도 실시)

건강검진 — 건강검진 후 최종 입사

❖ 채용절차는 채용유형, 채용직무, 채용시기 등에 따라 변동될 수 있으므로 반드시 발표되는 채용공고를 확인하기 바랍니다.

합격 선배들이 알려주는
삼성 온라인 GSAT 합격기

"기출복원문제를 통해 출제 경향 파악!"

누군가는 시험이 매우 쉽기 때문에 따로 공부할 필요가 없다고 했고, 또 누군가는 시험이 쉽기 때문에 공부해야 한다고 했습니다. 저는 집안 사정상 합격이 절박했기 때문에 1점이라도 더 올린다는 마음으로 시험을 준비했던 것 같습니다. 먼저 여러 책을 둘러보아 유형을 확인하고, 책들 중에서 가장 난도가 높다는 이야기가 많았던 SD에듀 도서를 구매했습니다. 쉬운 시험을 쉽게 준비하면 큰 의미가 없다고 생각했거든요. 확실히 듣던 대로 쉬운 문제와 어려운 문제가 섞여있는데다 푸는 요령도 없어 처음에는 제 시간에 맞춰 문제를 푸는 것도 버거웠습니다. 그래도 풀다보니 요령이 조금씩 생기기 시작했고, 자신감도 많이 붙었습니다. 실제 시험에서도 일말의 막힘없이 수월하게 문제를 풀 수 있었기 때문에 후회 없는 선택이었습니다.

"모두가 그렇듯 저 또한 너무 간절했기 때문에"

'아, 이번엔 진짜 붙어야겠다'는 마음으로 인터넷에 올라와 있는 문제집 중에 급하게 SD에듀 도서를 주문해서 풀고, 온라인 GSAT인 만큼 미리 테스트해보고 싶어서 e-book으로 되어있는 모의고사도 구매해서 풀어봤어요. 개인적으로 어떤 게 더 어렵다기보다는 시간이 한정적이기 때문에 시간 관리에 더 집중했던 것 같아요. 시험의 전체적인 난이도는 SD에듀 문제집보다 쉬웠습니다. GSAT를 공부하며 모르는 부분이 있으면 답지를 보고 파악하고, 짧은 시간 내에 효율적으로 SD에듀 교재와 온라인 모의고사로 공부하여 합격할 수 있었습니다.

❖ 본 독자 후기는 실제 SD에듀의 도서를 통해 공부하여 합격한 독자들께서 보내주신 후기를 재구성한 것입니다.

이 책의 차례 CONTENTS

2023

주요기업 생산직 기출복원문제

※ 2023년 하반기에는 일부 계열사에서만 채용이 진행된 관계로 주요기업 생산직 기출복원문제를 수록하였습니다.

※ 기출복원문제는 수험생들의 후기를 통해 SD에듀에서 복원한 문제로 실제 문제와 다소 차이가 있을 수 있으며, 본 저작물의 무단전재 및 복제를 금합니다.

| 01 | 수리능력검사

| 포스코

01 다음 주어진 식을 계산한 값으로 옳은 것은?

$$0.8213+1.8124-2.4424$$

① 0.1913

② 0.1923

③ 0.1933

④ 0.1943

정답 및 해설

01　　$0.8213+1.8124-2.4424=2.6337-2.4424=0.1913$

01 ①　**《 정답**

02 다음과 같이 일정한 규칙으로 수를 나열할 때, 빈칸에 들어갈 알맞은 수는?

88	132	176	264	352	528	( )	

① 649   ② 704

③ 715   ④ 722

⑤ 743

정답 및 해설

02   첫 번째 항부터 $\times \dfrac{3}{2}$, $\times \dfrac{4}{3}$ 를 번갈아 적용하는 수열이다.

따라서 ( )$=528 \times \dfrac{4}{3}=704$이다.

02 ② 《정답

03 은경이는 태국 여행에서 A ~ D 네 종류의 손수건을 총 9장 구매했으며, 그중 B손수건은 3장, 나머지는 각각 같은 개수를 구매했다. 기념품으로 친구 3명에게 종류가 다른 손수건을 3장씩 나눠줬을 때, 가능한 경우의 수는?

① 5가지   ② 6가지
③ 7가지   ④ 8가지
⑤ 9가지

━━━━━━━━━━━━━━━

정답 및 해설 ━━━○

03   총 9장의 손수건을 구매했으므로 B손수건 3장을 제외한 나머지 A, C, D손수건은 각각 $\frac{9-3}{3}=2$장씩 구매하였다.

먼저 3명의 친구들에게 서로 다른 손수건을 3장씩 나눠 줘야 하므로 B손수건을 1장씩 나눠준다. 나머지 A, C, D손수건을 서로 다른 손수건으로 2장씩 나누면 (A, C), (A, D), (C, D)로 묶을 수 있다. 이 세 묶음을 3명에게 나눠주는 방법은 3!=3×2×1=6가지가 나온다.

따라서 친구 3명에게 종류가 다른 손수건을 3장씩 나눠주는 경우의 수는 6가지이다.

03 ② ◀ **정답**

04 어떤 일을 하는 데 민수는 1시간이 걸리고, 아버지는 15분이 걸린다. 민수가 30분간 혼자서 일하는 중에 아버지가 오셔서 함께 그 일을 끝마쳤다면, 민수가 아버지와 함께 일한 시간은 몇 분인가?

① 5분 ② 6분

③ 7분 ④ 8분

⑤ 9분

정답 및 해설 ─────────────────────────────────○

04 전체 일의 양을 1이라 하면 민수와 아버지가 1분 동안 하는 일의 양은 각각 $\frac{1}{60}$, $\frac{1}{15}$ 이다.

민수가 아버지와 함께 일한 시간을 x분이라 하면 다음과 같은 방정식이 성립한다.

$$\frac{1}{60} \times 30 + \left\{ \left(\frac{1}{60} + \frac{1}{15} \right) \times x \right\} = 1$$

$$\therefore \ x = 6$$

따라서 함께 일한 시간은 6분이다.

04 ② ◀ 정답

※ 제시된 명제가 모두 참일 때, 빈칸에 들어갈 명제로 옳은 것을 고르시오. [1~2]

| SK

01

> • 비가 오면 한강 물이 불어난다.
> • 비가 오지 않으면 보트를 타지 않은 것이다.
> • _____
> • 자전거를 타지 않으면 한강 물이 불어난 것이다.

① 자전거를 타면 비가 오지 않는다.
② 보트를 타면 자전거를 탄다.
③ 한강 물이 불어나면 보트를 타지 않은 것이다.
④ 자전거를 타지 않으면 보트를 탄다.

정답 및 해설

01 '비가 온다.'를 p, '한강 물이 불어난다.'를 q, '보트를 탄다.'를 r, '자전거를 탄다.'를 s라고 하면, 각 명제는 순서대로 $p \rightarrow q$, $\sim p \rightarrow \sim r$, $\sim s \rightarrow q$이다. 앞의 두 명제를 연결하면 $r \rightarrow p \rightarrow q$이고, 결론이 $\sim s \rightarrow q$가 되기 위해서는 $\sim s \rightarrow r$이라는 명제가 필요하다.
따라서 '자전거를 타지 않으면 보트를 탄다.'가 빈칸에 들어갈 명제로 옳다.

01 ④ 《정답》

02

- 음악을 좋아하는 사람은 미술을 좋아한다.
- 사회를 좋아하는 사람은 음악을 좋아한다.
- _____

① 음악을 좋아하는 사람은 사회를 좋아한다.

② 미술을 좋아하지 않는 사람은 사회를 좋아하지 않는다.

③ 미술을 좋아하는 사람은 사회를 좋아하지 않는다.

④ 사회를 좋아하지 않는 사람은 미술을 좋아한다.

정답 및 해설

02 '음악을 좋아한다.'를 p, '미술을 좋아한다.'를 q, '사회를 좋아한다.'를 r이라고 하면, 각 명제는 순서대로 $p \rightarrow q$, $r \rightarrow p$이고, 앞의 두 명제를 연결하면 $r \rightarrow p \rightarrow q$이다. 이에 따라 $r \rightarrow q$의 대우 명제인 $\sim q \rightarrow \sim r$이라는 명제가 필요하다.

따라서 '미술을 좋아하지 않는 사람은 사회를 좋아하지 않는다.'가 빈칸에 들어갈 명제로 옳다.

02 ② 《정답》

03 현수는 가전제품을 구매하기 위해 판매점을 둘러보던 중 P사 제품 판매점을 둘러보게 되었다. 다음 명제로부터 현수가 추론할 수 있는 것은?

> • 냉장고의 A/S 기간은 세탁기의 A/S 기간보다 길다.
> • 에어컨의 A/S 기간은 냉장고의 A/S 기간보다 길다.
> • 컴퓨터의 A/S 기간은 3년으로 세탁기의 A/S 기간보다 짧다.

① 세탁기의 A/S 기간은 3년 이하이다.
② 세탁기의 A/S 기간이 가장 짧다.
③ 컴퓨터의 A/S 기간이 가장 짧다.
④ 냉장고의 A/S 기간이 가장 길다.

정답 및 해설

03 가전제품을 A/S 기간이 짧은 순서대로 나열하면 '컴퓨터 – 세탁기 – 냉장고 – 에어컨'이므로 컴퓨터의 A/S 기간이 가장 짧은 것을 알 수 있다.

03 ③ 《정답》

04 A ~ E 다섯 명이 100m 달리기를 했다. 기록 측정 결과가 나오기 전에 그들끼리의 대화를 통해 순위를 예측해 보려고 한다. 그들의 대화는 다음과 같고, 이 중 한 사람이 거짓말을 하고 있다. 다음 중 A ~ E의 순위로 알맞은 것은?

> A : 나는 1등이 아니고, 3등도 아니야.
> B : 나는 1등이 아니고, 2등도 아니야.
> C : 나는 3등이 아니고, 4등도 아니야.
> D : 나는 A와 B보다 늦게 들어왔어.
> E : 나는 C보다는 빠르게 들어왔지만, A보다는 늦게 들어왔어.

① E－C－B－A－D   ② E－A－B－C－D

③ C－E－B－A－D   ④ C－A－D－B－E

⑤ A－C－E－B－D

정답 및 해설

04 한 명만 거짓말을 하고 있기 때문에 모두의 말을 참이라고 가정하고, 모순이 어디서 발생하는지 생각해 본다.
다섯 명의 말에 따르면, 1등을 할 수 있는 사람은 C밖에 없는데, E의 진술과 모순이 생기는 것을 알 수 있다.
만약 C의 진술이 거짓이라고 가정하면 1등을 할 수 있는 사람이 없게 되므로 모순이다.
따라서 E의 진술이 거짓이므로 나올 수 있는 순위는 C－A－E－B－D, C－A－B－D－E, C－E－B－A－D임을 알 수 있다.

04 ③ ◀ **정답**

| 03 | 지각능력검사

※ 다음 제시된 문자와 같은 것의 개수를 구하시오. [1~2]

| SK

01

					샤프						

샤프	사포	사브	샤프	사포	서프	셰프	사포	샤프	사브	샤파	사프
사포	시프	사프	사피	수프	샤파	스프	소포	소프	사포	사포	서프
소프	셰프	스프	사프	샤파	시프	서프	스프	사브	사프	시프	샤프
샤프	서프	시프	스프	사피	사브	사피	수프	사포	수프	셰프	소프

① 1개   ② 2개

③ 3개   ④ 4개

01

사프	사포	사브	**샤프**	사포	서프	셰프	사포	**샤프**	사브	샤파	사프
사포	시프	사프	사피	수프	샤파	스프	소포	소프	사포	사포	서프
소프	셰프	스프	사프	샤파	시프	서프	스프	사브	사프	시프	**샤프**
샤프	서프	시프	스프	사피	사브	사피	수프	사포	수프	셰프	소프

01 ④ 《정답

02

① 1개
② 2개
③ 3개
④ 4개

정답 및 해설

02

02 ② 〈 정답

03 다음 표에 제시되지 않은 문자는?

| 一月火水 | 七休亭三 | 水三十五 | 金二至成 | 自化一六 | 五九多七 | 至亭八金 | 日六金木 | 火川土自 | 四木月二 | 正八九日 | 十土休四 |

① 七   ② 五

③ 亭   ④ 州

⑤ 至

정답 및 해설

03

| 一月火水 | 七休亭三 | 水三十五 | 金二至成 | 自化一六 | 五九多七 | 至亭八金 | 日六金木 | 火川土自 | 四木月二 | 正八九日 | 十土休四 |

03 ④ 〈정답〉

※ 다음 중 제시된 도형과 같은 것을 고르시오(단, 도형은 회전이 가능하다). [4~5]

04

① 　　　②

③ 　　　④

정답 및 해설

04　[오답분석]

② 　③ 　④

04 ①　◀ 정답

05

① 　　　②

③ 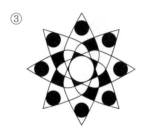　　　④

⑤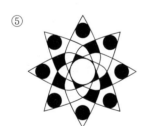

05 　오답분석

① 　② 　③ 　④

05 ⑤ 　정답

06 다음 도형들은 일정한 규칙으로 변화하고 있다. 물음표에 들어갈 알맞은 도형은?

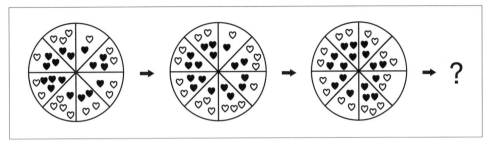

①    ②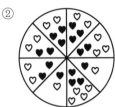

③    ④

정답 및 해설

06 흰색 하트가 검은색 하트보다 더 많은 칸의 경우, 그 칸의 흰색 하트 한 개가 시계 반대 방향으로 1칸씩 움직이며, 검은색 하트가 흰색 하트보다 더 많은 칸의 경우, 그 칸의 검은색 하트 한 개가 시계 방향으로 1칸씩 움직인다. 개수가 동률인 칸의 경우의 하트는 움직이지 않는다.

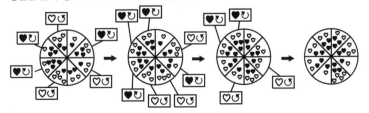

06 ② 《정답

자신의 본성이 어떤 것이든 그에 충실하라. 자신이 가진 재능의 끈을 놓아 버리지 마라.
본성이 이끄는 대로 따르면 성공할 것이다.

- 시드니 스미스 -

유형분석 · 기출복원문제

CHAPTER 01 GSAT 유형분석

| 01 | 수리능력검사

수리능력검사는 15분 동안 40문항이 주어지며, 기본계산, 응용계산, 자료해석으로 나눌 수 있다.

(1) 기본계산

기본계산은 분수의 사칙연산, 할푼리, 수의 대소비교 등에 관한 문제가 주로 출제된다. 난이도는 높지 않으나, 짧은 시간 안에 많은 문제를 해결해야 하므로 연산 순서와 계산을 빠르고 정확하게 하는 연습으로 계산 도중 발생할 수 있는 오류를 방지하도록 하자.

핵심예제 기본계산

다음 식의 값을 구하면?

$$777 \div 7 + 54 - 18$$

① 140   ② 142

③ 144   ④ 147

| 해설 | $777 \div 7 + 54 - 18 = 111 + 36 = 147$

정답 ④

---

(2) 응용계산

응용계산은 날짜·요일·시계, 나이·개수, 원가·정가, 일·톱니바퀴, 거리·속력·시간 등의 방정식 문제, 소금물의 농도, 경우의 수, 확률 등 중학교 수준의 문제가 주로 출제된다. 본서의 다양한 유형 문제를 풀어보며 관련 공식을 암기해두는 것이 좋으며, 실제 시험에서 문제가 복잡해 보인다면 주어진 보기를 직접 대입해보거나, 다른 문제를 먼저 푼 후 시간이 남을 경우 다시 풀어보는 것도 좋은 방법이다.

핵심예제 1   거리 · 속력 · 시간

영희는 집에서 50km 떨어진 할머니 댁에 가는데, 시속 90km인 버스를 타고 가다가 내려서 시속 5km로 걸어갔더니, 총 1시간 30분이 걸렸다. 영희가 걸어간 거리는 몇 km인가?

① 5km   ② 10km

③ 13km   ④ 20km

> **│해설│** 영희가 걸어간 거리를 x km라고 하고, 버스를 타고 간 거리를 y km라고 하자.
>
> - $x+y=50$
> - $\dfrac{x}{5}+\dfrac{y}{90}=\dfrac{3}{2}$
>
> $\therefore \ x=5, \ y=45$
>
> 따라서 영희가 걸어간 거리는 5km이다.
>
> **정답** ①

핵심예제 2   나이

할머니와 지수의 나이 차는 55세이고, 아버지와 지수의 나이 차는 20세이다. 지수의 나이가 11세이면 할머니와 아버지 나이의 합은 얼마인가?

① 96세   ② 97세

③ 98세   ④ 99세

> **│해설│** • 할머니의 나이 : 55+11=66세
>
> • 아버지의 나이 : 20+11=31세
>
> 따라서 할머니와 아버지 나이의 합은 97세이다.
>
> **정답** ②

(3) 자료해석

자료해석은 표 또는 그래프가 주어지고, 이를 해석 또는 계산하는 문제가 출제된다. 계산이 복잡하거나 어려운 수학 공식을 이용하는 문제는 출제되지 않으므로 문제에서 제시한 조건의 최우선 순위와 전체 구조를 파악하는 것이 관건이다. 불필요한 정보나 한 번 사용한 정보는 지워가면서 남아 있는 정보를 활용하여 문제를 해결하는 것이 좋다.

핵심예제   **자료해석**

※ 다음은 현 직장 만족도에 대하여 조사한 자료이다. 자료를 참고하여 이어지는 질문에 답하시오. [1~2]

〈현 직장 만족도〉

(단위 : 점)

만족분야별	직장유형별	2020년	2021년
전반적 만족도	기업	6.9	6.3
	공공연구기관	6.7	6.5
	대학	7.6	7.2
임금과 수입	기업	4.9	5.1
	공공연구기관	4.5	4.8
	대학	4.9	4.8
근무시간	기업	6.5	6.1
	공공연구기관	7.1	6.2
	대학	7.3	6.2
사내분위기	기업	6.3	6.0
	공공연구기관	5.8	5.8
	대학	6.7	6.2

01 2020년 3개 기관의 전반적 만족도의 합은 2021년 3개 기관의 임금과 수입 만족도의 합의 몇 배인가?(단, 소수점 둘째 자리에서 반올림한다)

① 1.4배 ② 1.6배
③ 1.8배 ④ 2.0배

> | **해설** | 2020년 3개 기관의 전반적 만족도의 합은 6.9+6.7+7.6=21.2점이고, 2021년 3개 기관의 임금과 수입 만족도의 합은 5.1+4.8+4.8=14.7점이다.
> 따라서 2020년 3개 기관의 전반적 만족도의 합은 2021년 3개 기관의 임금과 수입 만족도의 합의 $\frac{21.2}{14.7} ≒ 1.4$배이다.
>
> **정답** ①

02 다음 중 자료에 대한 설명으로 옳지 않은 것은?(단, 비율은 소수점 둘째 자리에서 반올림한다)

① 현 직장에 대한 전반적 만족도는 대학 유형에서 가장 높다.

② 2021년 근무시간 만족도에서는 공공연구기관과 대학의 만족도가 동일하다.

③ 2021년에 모든 유형의 직장에서 임금과 수입의 만족도는 전년 대비 증가했다.

④ 사내분위기 측면에서 2020년과 2021년 공공연구기관의 만족도는 동일하다.

| 해설 | 2021년에 기업, 공공연구기관의 임금과 수입 만족도는 전년 대비 증가하였으나, 대학의 임금과 수입 만족도는 감소했으므로 옳지 않은 설명이다.

오답분석

① 2020년, 2021년 현 직장에 대한 전반적 만족도는 대학 유형에서 가장 높은 것을 확인할 수 있다.

② 2021년 근무시간 만족도에서는 공공연구기관과 대학의 만족도가 6.2점으로 동일한 것을 확인할 수 있다.

④ 사내분위기 측면에서 2020년과 2021년 공공연구기관의 만족도는 5.8점으로 동일한 것을 확인할 수 있다.

정답 ③

| 02 | 추리능력검사

추리능력검사는 20분 동안 40문항이 주어지며 언어추리와 무게추리로 나눌 수 있다.

(1) 언어추리

언어추리는 제시문 A를 토대로 제시문 B의 참·거짓·알 수 없음을 고르는 문제, 주어진 명제를 이용하여 추론하는 문제가 주로 출제된다. 명제의 기본 이론을 익히고, 명제를 도식화하여 조건을 한눈에 파악할 수 있게 정리하여 문제를 해결하는 것이 좋다.

핵심예제 1   참·거짓·알 수 없음

제시문 A를 읽고 제시문 B가 참인지 거짓인지, 혹은 알 수 없는지 고르면?

> [제시문 A]
> • 탁구를 치는 사람은 헬스를 한다.
> • 헬스를 하는 사람은 농구를 하지 않는다.
> • 농구를 하는 사람은 수영을 한다.
>
> [제시문 B]
> 농구를 하는 사람은 탁구를 치지 않는다.

① 참   ② 거짓   ③ 알 수 없음

> **|해설|** • A : 탁구를 친다.
>   • B : 헬스를 한다.
>   • C : 농구를 한다.
>   • D : 수영을 한다.
> 제시문 A를 간단히 나타내면 A → B, B → ~C, C → D이다. 이를 연립하면 A → B → ~C와 C → D가 성립한다. 따라서 대우인 C → ~A가 성립하므로 제시문 B는 참이다.
>
> 정답 ①

다음 명제가 모두 참일 때, 반드시 참인 명제를 고르면?

- 늦잠을 자지 않으면 부지런하다.
- 늦잠을 자면 건강하지 않다.
- 비타민을 챙겨먹으면 건강하다.

① 비타민을 챙겨먹으면 부지런하다.
② 부지런하면 비타민을 챙겨먹는다.
③ 늦잠을 자면 비타민을 챙겨먹는다.
④ 부지런하면 늦잠을 자지 않는다.

| **해설 |** '늦잠을 잠 : p', '부지런함 : q', '건강함 : r', '비타민을 챙겨먹음 : s'라 하면, 각각 '$\sim p \to q$', '$p \to \sim r$', '$s \to r$'이다. 어떤 명제가 참이면 그 대우도 참이므로, 첫 번째·세 번째 명제와 두 번째 명제의 대우를 연결하면 '$s \to r \to \sim p \to q$'가 된다. 따라서 '$s \to q$'는 참이다.

정답 ①

(2) 무게추리

무게추리는 상대적으로 난이도가 낮은 유형에 속하지만 오답을 유도하기 위해 비슷한 도형을 배치하는 경우가 있으므로 주의해야 한다. 조건에 따라 임의의 숫자를 지정하여 무게를 추리하면 풀이에 도움이 될 수 있다. 또한 한 가지의 조건에 두 문제가 출제되므로, 두 문제가 동일한 조건이라는 점을 유의해야 한다.

핵심예제   무게추리

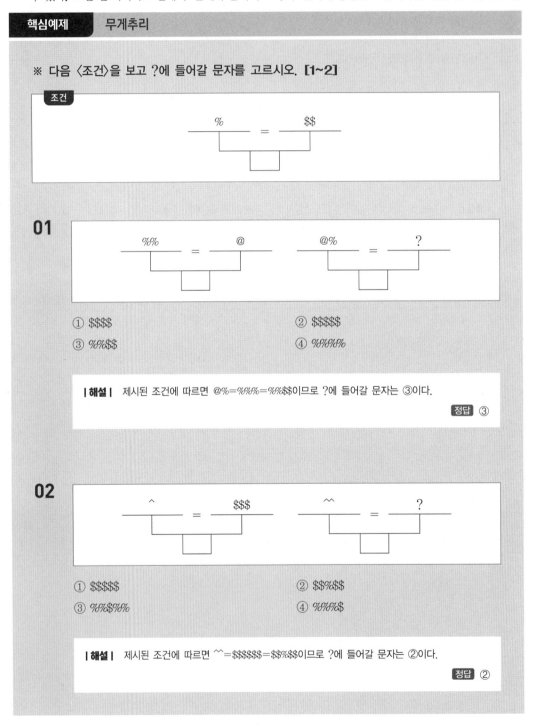

※ 다음 〈조건〉을 보고 ?에 들어갈 문자를 고르시오. [1~2]

조건

01

① $$$$
② $$$$$
③ %%$$
④ %%%%

| 해설 | 제시된 조건에 따르면 @%=%%%%=%%$$이므로 ?에 들어갈 문자는 ③이다.

정답 ③

02

① $$$$$
② $$%$$
③ %%$%%
④ %%%$

| 해설 | 제시된 조건에 따르면 ^^=$$$$$$=$$%$$이므로 ?에 들어갈 문자는 ②이다.

정답 ②

| 03 | 지각능력검사

지각능력검사는 10분 동안 40문항이 주어지며 지각정확성과 공간지각으로 나눌 수 있다.

(1) 지각정확성

지각정확성은 제시된 도형과 동일한 도형이 몇 번째에 위치하는지 찾아내는 문제가 주로 출제된다. 간단한 도형들이 제시되며, 신속성과 정확성을 요구한다. 따라서 도형의 특징적인 부분을 파악하여 빠른 시간 안에 문제를 해결하는 연습을 하는 것이 좋다.

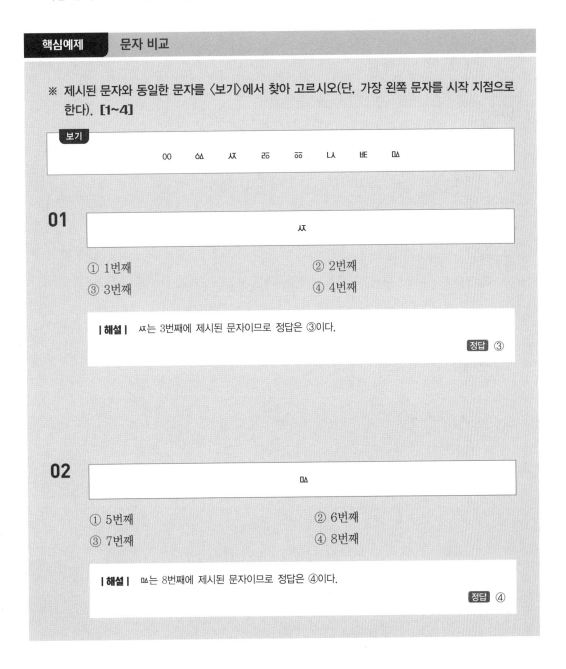

핵심예제 **문자 비교**

※ 제시된 문자와 동일한 문자를 〈보기〉에서 찾아 고르시오(단, 가장 왼쪽 문자를 시작 지점으로 한다). [1~4]

보기

ㅇㅇ   ㅇㅿ   ㅆ   ㄹㅎ   ㅎㅎ   ㄴㅅ   ㅂㅌ   ㄸㅿ

01   ㅆ

① 1번째   ② 2번째
③ 3번째   ④ 4번째

| 해설 | ㅆ는 3번째에 제시된 문자이므로 정답은 ③이다.

정답 ③

02   ㄸㅿ

① 5번째   ② 6번째
③ 7번째   ④ 8번째

| 해설 | ㄸㅿ는 8번째에 제시된 문자이므로 정답은 ④이다.

정답 ④

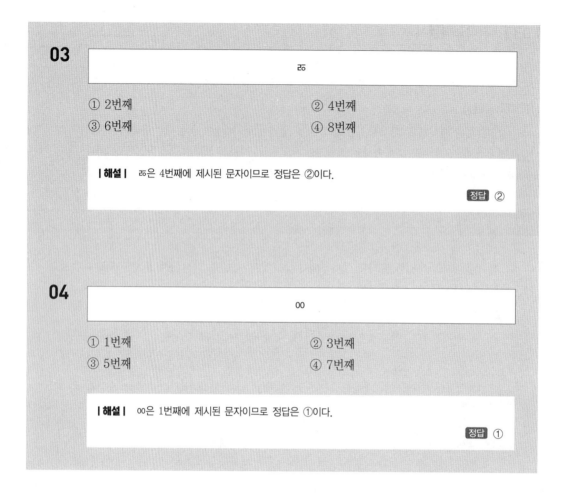

03

ㄹㅎ

① 2번째   ② 4번째
③ 6번째   ④ 8번째

해설	ㄹㅎ은 4번째에 제시된 문자이므로 정답은 ②이다.

정답 ②

04

ㅇㅇ

① 1번째   ② 3번째
③ 5번째   ④ 7번째

해설	ㅇㅇ은 1번째에 제시된 문자이므로 정답은 ①이다.

정답 ①

(2) 공간지각

공간지각은 제시된 도형과 같은 도형 또는 나머지 도형과 다른 도형을 찾는 그림비교 문제, 쌓여 있는 전체 블록의 개수를 묻는 블록 문제가 주로 출제된다. 그림비교 유형은 주로 도형의 회전·반전을 이용하여 제시되므로, 위치 변경이나 회전·반전 등 다양한 방법으로 도형을 움직여보는 연습이 필요하다. 또한 블록 유형은 문제 형태가 다양하므로 많은 문제들을 풀어보면서 본인의 것으로 만드는 것이 중요하다.

핵심예제 1 같은 도형 찾기

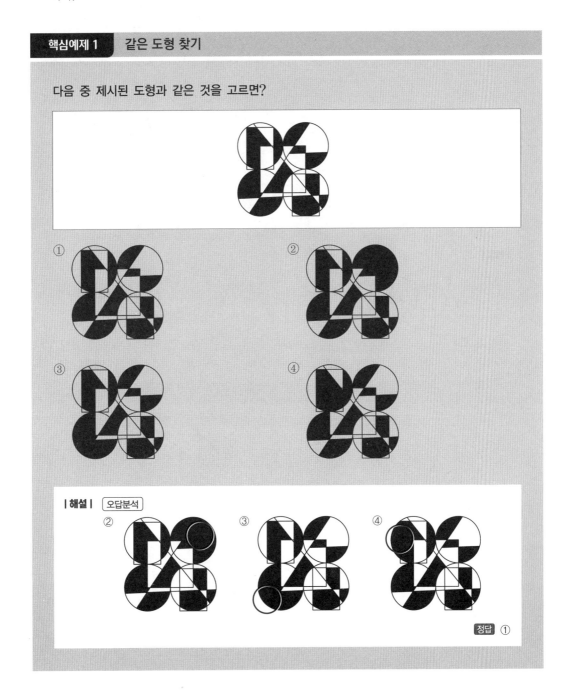

다음 중 제시된 도형과 같은 것을 고르면?

|해설| 오답분석

정답 ①

다음 중 나머지 도형과 다른 것을 고르면?

①

②

③

④

| 해설 |

정답 ②

다음과 같은 모양을 만드는 데 사용된 블록의 개수를 고르면?(단, 보이지 않는 곳의 블록은 있다고 가정한다)

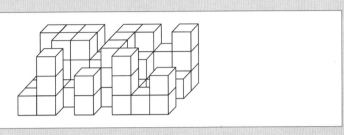

① 56개
③ 58개

② 57개
④ 59개

| 해설 | 1층 : 28개, 2층 : 18개, 3층 : 12개이다.
∴ 28+18+12=58개

| 04 | 인성검사

인성검사는 심리·정신적으로 건강한 상태를 지니고 조직 속에서 타인들과 원만한 인간관계를 유지하며 사물을 건전하게 바라보는 긍정적인 시각, 갈등에 대한 적절한 대처능력 등과 관련하여 요구되는 개인적인 성향과 특성을 측정하는 검사이다. 긍정적인 사회관과 인생관을 평가하므로 주관적인 판단보다는 객관적이고 긍정적인 답변과 많은 사람에게 일반적으로 통용되는 생각을 답으로 선택하는 것이 좋다. 인성검사는 응시자가 정말 솔직하게 답을 하는지 확인하기 위해, 같은 질문을 다른 형식으로 여러 번 묻는다. 의식적으로 답을 고르다 보면 여러 차례 반복되는 질문에 일관되게 답변하지 못하게 되어 그 답에 신뢰성이 없거나 정체성이 모호하다는 평가를 받을 수도 있다.

핵심예제

다음 질문 내용을 읽고, ① ~ ⑤ 중 자신에게 해당하는 것을 고르시오(① 전혀 그렇지 않다, ② 약간 그렇지 않다, ③ 보통이다, ④ 약간 그렇다, ⑤ 매우 그렇다). [1~3]

번호	질문	응답
1	남에게 보이기 좋아하고 지기 싫어하는 편이다.	① ② ③ ④ ⑤
2	다른 사람이 나를 어떻게 생각할지 항상 걱정이다.	① ② ③ ④ ⑤
3	남이 자신에게 상담을 해오는 경우가 많다.	① ② ③ ④ ⑤

| 05 | UK작업태도검사

UK작업태도검사는 특정시간 동안 연속적인 덧셈 연산을 할 때의 작업량, 작업곡선 등을 기초로 하여 능력, 흥미 및 성격의 특성을 진단하는 검사로써 삼성에서는 가로 100자, 세로 15줄의 문제지를 전·후반 각 15분씩 실시하고 있다. 단순한 덧셈이므로 난도는 높지 않지만, 15분 동안 쉬지 않고 집중을 해야 하므로, 결코 가볍게 생각해서는 안 된다.

핵심예제

```
7 4 8 3 3 9 5 0 2 4 7 9 9 4 2 5 8 9 1 3 5 8 1 7 8 2 0 4 6 2 5 5 3 8 7 9 2 1
3 8 7 4 4 6 2 9 6 4 7 0 8 2 6 1 7 9 5 2 6 9 3 1 6 3 7 4 8 2 4 9 6 6 0 3 8 6
2 9 6 4 8 5 9 3 6 3 9 7 3 8 2 6 9 4 8 5 8 8 3 7 6 1 6 1 3 7 5 5 8 0 3 6 8 8
6 6 4 9 8 4 1 6 3 8 6 9 9 3 7 6 4 0 5 8 2 4 7 1 1 8 0 5 9 2 5 7 4 8 2 7 9 2
4 8 6 2 6 9 7 7 3 6 2 2 5 1 9 8 5 7 2 6 6 3 7 4 8 8 5 3 7 2 8 9 5 3 8 2 4 7
```

PART 1

※ 기출복원문제는 수험생들의 후기를 통해 SD에듀에서 복원한 문제로 실제 문제와 다소 차이가 있을 수 있으며, 본 저작물의 무단전재 및 복제를 금합니다.

| 01 | 수리능력검사

※ 다음 식을 계산한 값을 구하시오. [1~3]

01

$$5,322 \times 2 + 3,190 \times 3$$

① 20,014   ② 20,114
③ 20,214   ④ 20,314

02

$$5^3 - 4^3 - 2^2 + 7^3$$

① 370   ② 380
③ 390   ④ 400

03

$$(654,321 - 123,456) + (456,456 - 136,321)$$

① 831,000   ② 841,000
③ 851,000   ④ 861,000

04 K사원이 세미나에 다녀왔는데 갈 때는 시속 70km로 달리는 버스를 탔고, 올 때는 시속 120km로 달리는 기차를 탔더니 총 5시간이 걸렸다. 기차를 타고 온 거리가 버스를 타고 간 거리보다 30km 만큼 멀다고 할 때, 기차를 타고 온 거리는?(단, 세미나에 머문 시간은 무시한다)

① 210km   ② 220km
③ 230km   ④ 240km

05 철호는 50만원으로 S가구점에서 식탁 1개과 의자 2개를 사고 남은 돈으로 장미꽃을 모두 구매하려 한다. 판매하는 가구의 가격이 다음과 같을 때, 구매할 수 있는 장미꽃의 수는?(단, 장미꽃은 한 송이 당 6,500원이다)

<S가구점 가격표>

종류	책상	식탁	침대	의자	옷장
가격	25만 원	20만 원	30만 원	10만 원	40만 원

※ 30만 원 이상 구매 시 10% 할인

① 20송이　　　　　　　　　　　② 21송이
③ 22송이　　　　　　　　　　　④ 23송이

06 공 A ~ C를 포함하여 총 공 7개가 들어 있는 주머니에서 공 3개를 동시에 꺼낼 때, 꺼낸 공 중에 A를 포함하는 모든 경우의 수를 a, B를 포함하지 않으면서 C를 포함하는 모든 경우의 수를 b 라고 하자. 이때 $a+b$의 값은?

① 10　　　　　　　　　　　　　② 15
③ 20　　　　　　　　　　　　　④ 25

07 S사 공장에는 대수를 늘리면 생산량이 조금씩 증가하는 기계가 있다. 기계가 다음과 같은 생산량의 변화를 보일 때 기계가 30대 있을 경우 생산할 수 있는 제품의 개수는?

<기계 대수에 따른 생산 가능 제품 현황>

기계 수(대)	1	2	3	4	5
제품 개수(개)	5	7	9	11	13

① 59개　　　　　　　　　　　　② 61개
③ 63개　　　　　　　　　　　　④ 65개

08 다음은 지난달 봉사 장소별 봉사자 수를 연령별로 조사한 자료이다. 다음 〈보기〉에서 이에 대한 그래프로 옳은 것을 모두 고르면?

<봉사 장소의 연령대별 봉사자 수>

(단위 : 명)

구분	10대	20대	30대	40대	50대	합계
보육원	148	197	405	674	576	2,000
요양원	65	42	33	298	296	734
무료급식소	121	201	138	274	381	1,115
노숙자쉼터	0	93	118	242	347	800
유기견보호소	166	117	56	12	0	351
합계	500	650	750	1,500	1,600	5,000

보기

ㄱ. 전체 보육원 봉사자 중 30대 이하가 차지하는 비율은 36%이다.
ㄴ. 전체 무료급식소 봉사자 중 40·50대는 절반 이상이다.
ㄷ. 전체 봉사자 중 50대의 비율은 20대의 3배이다.
ㄹ. 전체 노숙자쉼터 봉사자 중 30대는 15% 미만이다.

① ㄱ, ㄷ
② ㄱ, ㄹ
③ ㄴ, ㄷ
④ ㄴ, ㄹ

| 02 | 추리능력검사

※ 다음 〈조건〉을 보고 ?에 들어갈 문자를 고르시오. [1~2]

조건

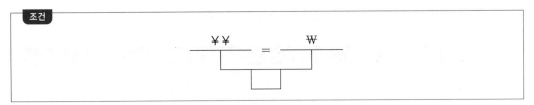

01

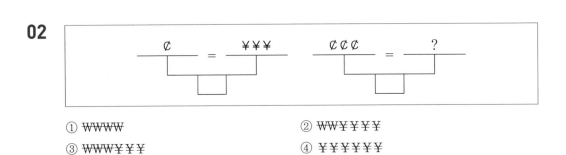

① ₩₩₩₩¥¥

② ¥¥¥¥¥¥

③ ₩₩¥¥¥¥

④ ₩¥¥¥¥¥

02

① ₩₩₩₩

② ₩₩¥¥¥

③ ₩₩₩¥¥

④ ¥¥¥¥¥

※ 다음 〈조건〉을 보고 ?에 들어갈 문자를 고르시오. [3~4]

조건

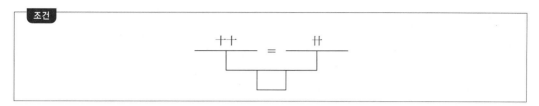

03

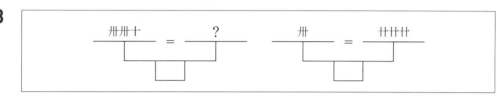

① 卌卌卌卄卄卄
② 卌卌卌卄卄卄卄
③ 卌卄卄卄卄
④ 卌卌卄卄卄

04

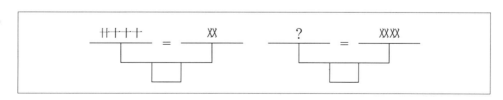

① ┼┼┼┼┼┼┼┼
② 卌卌┼┼┼
③ 卌卌┼┼
④ ┼┼┼┼┼┼┼┼┼┼

05 다음은 이번 주 기상예보이다. 이에 근거하여 바르게 추론한 것은?

> • 주말을 제외한 이번 주 월요일부터 금요일까지의 평균 낮 기온은 25도로 예상됩니다.
> • 화요일의 낮 기온은 26도로 월요일보다 1도 높을 것으로 예상됩니다.
> • 수요일 낮에는 많은 양의 비가 내리면서 전일보다 3도 낮은 기온이 예상됩니다.
> • 금요일의 낮 기온은 이번 주 평균 낮 기온으로 예상됩니다.

① 월요일과 목요일의 낮 기온은 같을 것이다.
② 목요일의 낮 기온은 평균 26도로 예상할 수 있다.
③ 화요일의 낮 기온이 주말보다 높을 것이다.
④ 목요일의 낮 기온은 월~금요일의 평균 기온보다 낮을 것이다.

06 다음 명제가 모두 참일 때, 항상 참인 것은?

> • 지후의 키는 178cm이다.
> • 시후는 지후보다 3cm 더 크다.
> • 재호는 시후보다 5cm 더 작다.

① 지후의 키가 가장 크다.
② 재호의 키가 가장 크다.
③ 시후의 키가 가장 작다.
④ 재호의 키는 176cm이다.

| 03 | 지각능력검사

※ 제시된 문자와 동일한 문자를 〈보기〉에서 찾아 고르시오(단, 가장 왼쪽 문자를 시작 지점으로 한다).
   [1~4]

> **보기**
>
> ¢   Ψ   ⌘   ◹   △   Ⅱ   ♩   ♏

01

Ψ

① 2번째   ② 5번째
③ 6번째   ④ 8번째

02

¢

① 1번째   ② 2번째
③ 5번째   ④ 6번째

03

△

① 2번째   ② 3번째
③ 4번째   ④ 5번째

04

Ⅱ

① 4번째   ② 5번째
③ 6번째   ④ 7번째

05 다음 중 제시된 도형과 같은 것은?(단, 도형은 회전이 가능하다)

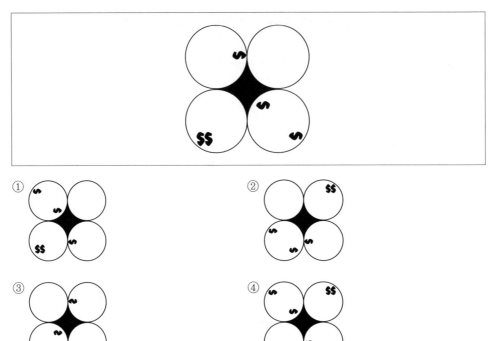

① ② ③ ④

06 다음 중 나머지 도형과 다른 것은?

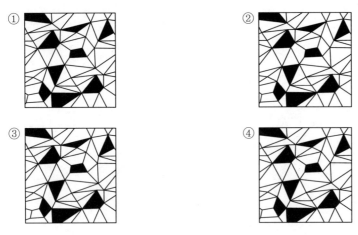

최종모의고사

| 01 | 수리능력검사

※ 다음 식을 계산한 값을 구하시오. [1~20]

01

$$545-245-247+112$$

① 145
② 155
③ 165
④ 175

02

$$512,745-425,427+23,147$$

① 107,465
② 108,465
③ 109,465
④ 110,465

03

$$454+65\times6+47$$

① 901
② 891
③ 881
④ 871

04

$$1,314\div2^2+1,530\div60$$

① 324
② 334
③ 344
④ 354

05

$$445 \div 25 - 256 \div 20$$

① 5   ② 6

③ 7   ④ 8

06

$$43 \times 34 - 1{,}020 - 45$$

① 397   ② 387

③ 377   ④ 367

07

$$311 \times 4 - 113 \times 4$$

① 762   ② 772

③ 782   ④ 792

08

$$120 \times 2 + 240 \times 4$$

① 900   ② 1,000

③ 1,100   ④ 1,200

09

$$21 \times 44 + 646 - 887$$

① 663   ② 673

③ 683   ④ 693

10

$$(0.983-0.42\times2)+0.169$$

① 0.311   ② 0.312

③ 0.313   ④ 0.314

11

$$44\times21-45\times22+46\times23$$

① 962   ② 972

③ 982   ④ 992

12

$$545\times78-564\times67$$

① 4,722   ② 4,822

③ 4,922   ④ 5,022

13

$$47\times5+247\times2$$

① 699   ② 709

③ 719   ④ 729

14

$$12,312+2,322\div2+123$$

① 13,586   ② 13,596

③ 13,606   ④ 13,616

15

$$8,787-3,455+2,131$$

① 7,263　　　　　　　　② 7,363

③ 7,463　　　　　　　　④ 7,563

16

$$783+577-572-341$$

① 422　　　　　　　　② 437

③ 442　　　　　　　　④ 447

17

$$1,310+1,034+2,210-3,310$$

① 1,544　　　　　　　　② 1,444

③ 1,344　　　　　　　　④ 1,244

18

$$44+23-4^3$$

① 1　　　　　　　　② 2

③ 3　　　　　　　　④ 4

19

$$1,242+4,524\div87-46$$

① 1,148　　　　　　　　② 1,248

③ 1,348　　　　　　　　④ 1,448

20

$$1,134-0.2\times500+773$$

① 1,707   ② 1,807

③ 1,907   ④ 2,007

21 세화와 성현이는 24km 떨어진 두 지점에서 동시에 출발하여 마주보고 걷다가 만났다. 세화는 시속 5km, 성현이는 시속 3km로 걸었다고 할 때, 세화가 걸은 거리는?

① 15km   ② 15.5km

③ 16.2km   ④ 17km

22 자전거 사이클 경주에 참여한 현수와 세현이는 출발 20분 후에 시속 24km로 달리던 세현이가 현수보다 4km를 앞섰고, 그 지점부터 세현이는 시속 12km로 달렸고 현수는 더 빠르게 달렸다. 다시 20분이 지난 후에는 현수와 세현이가 나란히 달렸다. 현수의 처음 20분 동안 속력이 나중 속력의 $\dfrac{1}{2}$배였을 때, 현수의 처음 속력은?

① 12km/h   ② 13km/h

③ 14km/h   ④ 15km/h

23 2월 5일이 수요일이라고 할 때, 8월 15일은 무슨 요일인가?(단, 2월은 29일까지이다)

① 토요일   ② 일요일

③ 월요일   ④ 화요일

24 어느 학생이 문제 A, B를 푸는데 문제 A를 맞히지 못할 확률은 60%, 두 문제를 모두 맞힐 확률은 24%일 때, 이 학생이 문제 A는 맞히고, 문제 B는 맞히지 못할 확률은?

① 30%   ② 28%

③ 24%   ④ 16%

25 서울지역 어느 중학교 학생 10명의 혈액형을 조사하였더니 A형, B형, O형인 학생이 각각 2명, 3명, 5명이었다. 이 10명의 학생 중에서 임의로 2명을 뽑을 때, 혈액형이 서로 다를 경우의 수는?

① 19가지   ② 23가지

③ 27가지   ④ 31가지

26 S사에 입사한 사원의 수를 조사하니 올해 남자의 수는 작년에 비하여 8% 증가하고 여자는 10% 감소했다. 작년의 전체 사원은 820명이고, 올해는 작년에 비하여 10명이 감소하였다고 할 때, 올해의 여자 사원수는?

① 378명   ② 379명

③ 380명   ④ 381명

27 S사는 작년에 A제품과 B제품을 합쳐 총 1,000개를 생산하였다. 올해는 작년 대비 A제품의 생산량을 2%, B제품의 생산량을 3% 증가시켜 총 1,024개를 생산한다고 할 때, 올해 생산하는 B제품의 수량은?

① 400개   ② 408개

③ 412개   ④ 450개

28 K씨는 회사 사물함 비밀번호를 다음과 같은 두 〈조건〉을 모두 만족하는 자연수를 작은 수부터 나열한 것으로 정했다. 비밀번호로 옳은 것은?

> **조건**
> • 어떤 수에 7을 더하면 그 수의 4배에서 5를 뺀 것보다 크거나 같다.
> • 어떤 수에서 4를 뺀 것의 반은 그 수의 3배에 7을 더한 것보다 작다.

① 1, 2, 3, 4   ② 3, 4, 5, 6

③ 4, 5, 6, 7   ④ 5, 6, 7, 8

29 농도가 다른 두 소금물 A와 B를 각각 100g씩 섞으면 10%의 소금물이 되고, 소금물 A를 100g, 소금물 B를 300g 섞으면 9%의 소금물이 된다. 소금물 A의 농도는?

① 10%   ② 12%

③ 14%   ④ 16%

30 고객 만족도 센터에서 고객이 만족하면 +3, 불만족하면 -4점이 적용된다. 100명의 고객에게 만족도를 조사했을 때, 고객관리 점수를 80점 이상 받으려면 최대 몇 명의 고객까지 불만족을 받아야 하는가?

① 17명   ② 20명
③ 31명   ④ 32명

31 다음은 연도별 1분기 A국립공원 방문객 수를 나타낸 자료이다. 2022년 1분기 A국립공원 방문객 수와 방문객 수 비율을 바르게 짝지은 것은?(단, 방문객 수는 천의 자리 수에서 반올림하고 방문객 수 비율은 소수점 이하는 버리며 증감률은 소수점 둘째 자리에서 반올림한다)

〈연도별 1분기 A국립공원 방문객 수〉

구분	방문객 수(명)	방문객 수 비율	증감률(%)
2018년	1,580,000	90	-
2019년	1,680,000	96	6.3
2020년	1,750,000	100	4.2
2021년	1,810,000	103	3.4
2022년			-2.8

※ 방문객 수 비율은 2020년을 100으로 한다.

　　　　방문객 수　　　　　방문객 수 비율
①　　1,760,000명　　　　　　103
②　　1,760,000명　　　　　　100
③　　1,780,000명　　　　　　101
④　　1,780,000명　　　　　　100

32 다음은 2018년부터 2022년까지 자원봉사 성인 참여현황을 나타낸 자료이다. 다음 〈보기〉에서 자료에 대한 설명으로 옳지 않은 것을 모두 고르면?(단, 소수점 둘째 자리에서 반올림한다)

〈연도별 자원봉사 참여현황〉

(단위 : 명)

연도	2018년	2019년	2020년	2021년	2022년
총 성인 인구수	41,649,010	42,038,921	43,011,143	43,362,250	43,624,033
자원봉사 참여 성인 인구수	2,667,575	2,874,958	2,252,287	2,124,110	1,383,916

※ 참여율(%)=$\dfrac{\text{참여 인구수}}{\text{총 인구수}} \times 100$

보기

ㄱ. 자원봉사에 참여하는 성인 참여율은 2019년도가 가장 높다.
ㄴ. 2020년도 자원봉사 참여율은 2021년보다 높다.
ㄷ. 자원봉사 참여 증가율이 가장 높은 해는 2019년도이고 가장 낮은 해는 2021년이다.
ㄹ. 2018년부터 2021년까지의 총 자원봉사 참여 성인 인구수는 천만 명 이상이다.

① ㄱ, ㄴ
② ㄱ, ㄷ
③ ㄴ, ㄷ
④ ㄷ, ㄹ

33 다음은 2020 ~ 2022년 동안 네 국가의 관광 수입 및 지출을 나타낸 자료이다. 2021년 관광수입이 가장 많은 국가와 가장 적은 국가의 2022년 관광지출 대비 관광수입 비율의 차이는 얼마인가?(단, 소수점 둘째 자리에서 반올림한다)

〈국가별 관광 수입 및 지출〉

(단위 : 백만 달러)

구분	관광수입			관광지출		
	2020년	2021년	2022년	2020년	2021년	2022년
한국	15,214	17,300	13,400	25,300	27,200	30,600
중국	44,969	44,400	32,600	249,800	250,100	257,700
홍콩	36,150	32,800	33,300	23,100	24,100	25,400
인도	21,013	22,400	27,400	14,800	16,400	18,400

① 27.5%p
② 28.3%p
③ 30.4%p
④ 31.1%p

34 다음은 통계청에서 발표한 서울 지역 물가지수 자료이다. 자료에 대한 설명으로 옳지 않은 것은?

〈서울 지역 소비자물가지수 및 생활물가지수〉

(단위 : %)

구분	2019년 4/4	2020년 1/4	2020년 2/4	2020년 3/4	2020년 4/4	2021년 1/4	2021년 2/4	2021년 3/4	2021년 4/4	2022년 1/4	2022년 2/4	2022년 3/4
소비자물가지수	95.5	96.4	97.7	97.9	99.0	99.6	100.4	100.4	101.0	102.6	103.4	104.5
전년 동기(월)비	4.2	3.9	2.5	2.4	2.7	2.5	2.5	2.8	3.2	3.6	3.8	4.1
생활물가지수	95.2	95.9	97.1	97.6	99.1	99.7	99.7	100.4	100.9	103.1	103.5	104.5
전년 동기(월)비	3.5	3.1	2.4	2.5	3.4	2.7	2.7	2.9	3.4	4.0	3.8	4.1

※ 물가지수는 2005년을 100으로 하여 각 연도의 비교치를 제시한 것임

① 2005년에 비해 2021년 소비자물가지수는 거의 변동이 없다.
② 2022년 4/4분기의 생활물가지수가 95.9포인트라면, 2022년 생활물가지수는 2005년에 비해 2포인트 이상 상승했다.
③ 2019년 이후 소비자물가지수와 생활물가지수는 매년 상승했다.
④ 2021년에는 소비자물가지수가 생활물가지수보다 약간 더 높다.

35 다음은 한국과 OECD 평균 기대여명 변화를 나타낸 자료이다. 자료에 대한 설명으로 옳지 않은 것은?

〈65세, 80세의 한국 및 OECD 평균 기대여명 변화 추이〉

(단위 : 년)

연령		남성 1977년	남성 2002년	남성 2012년	남성 2022년	여성 1977년	여성 2002년	여성 2012년	여성 2022년
65세	한국	10.2	13.4	15.5	18.2	14.9	17.5	19.6	22.4
65세	OECD 평균	12.7	14.7	16.3	17.9	15.6	18.4	19.8	21.3
80세	한국	4.7	6.1	6.9	8.0	6.4	7.9	8.5	10.1
80세	OECD 평균	5.7	6.6	7.3	8.3	6.6	8.2	8.9	10.0

① 65세, 80세 여성의 기대여명은 2022년에 OECD 평균보다 모두 높아졌다.
② 80세 남성의 기대여명은 1977 ~ 2022년 동안 OECD 평균 기대여명과의 격차가 꾸준히 줄어들었다.
③ 1977 ~ 2012년 동안 65세 연령의 성별 기대여명과 OECD 평균 기대여명과의 격차는 남성보다 여성이 더 크다.
④ 남성의 기대여명보다 여성의 기대여명이 더 높다.

36 다음은 S사에 근무하는 김사원이 한 달 동안 작성한 업무 관련 파일의 용량 및 개수를 나타낸 자료이다. 한 달 동안 작성한 파일들을 모두 USB에 저장하려고 할 때, 최소 몇 MB의 공간이 필요한가?(단, 1MB=1,020KB이며, 합계 파일 용량(MB)은 소수점 둘째 자리에서 반올림한다)

〈저장 파일 세부사항〉

저장파일 종류	용량	개수
한글	120KB	16개
	300KB	3개
엑셀	35KB	24개
PDF	2,500KB	10개
파워포인트	1,300KB	4개

① 33.2MB
② 33.5MB
③ 34.1MB
④ 34.4MB

37 다음은 2018 ~ 2022년 지역별 특산품의 매출현황이다. 자료에 대한 해석으로 옳지 않은 것은?

〈2018 ~ 2022년 지역별 특산품 매출현황〉

(단위 : 억 원)

구분	2018년	2019년	2020년	2021년	2022년
X지역	1,751	1,680	2,121	2,001	1,795
Y지역	2,029	2,030	2,031	1,872	1,601
Z지역	1,947	1,012	1,470	2,181	2,412

① X지역의 2022년 특산품 매출은 전년 대비 10% 이상 감소하였다.
② X지역의 전년 대비 증감률이 가장 적은 연도는 2019년이다.
③ 2022년 Z지역의 매출은 동년 X지역과 Y지역 매출의 합의 65% 이하이다.
④ Z지역의 2018년 매출은 2022년 매출의 70% 이상이다.

38 다음은 제30회 공인중개사 시험 응시자와 합격자를 나타낸 자료이다. 다음 자료에 따를 때, 제1차 시험 대비 제2차 시험 합격률의 증가율은 얼마인가?

〈제30회 공인중개사 시험 현황〉

구분	접수자(명)	응시자(명)	합격자(명)	응시율(%)
제1차 시험	250,000	155,000	32,550	62
제2차 시험	120,000	75,000	17,325	62.5

※ 응시율은 접수자 중 응시자의 비율을 의미하고, 합격률은 응시자 중 합격자의 비율을 의미한다.

① 1%   ② 2%

③ 5%   ④ 10%

39 다음은 A의 보유 반찬 및 칼로리 정보와 A의 하루 식단에 대한 자료이다. A가 하루에 섭취하는 총 열량은?

〈A의 보유 반찬 및 칼로리 정보〉

반찬	현미밥	미역국	고등어구이	시금치나물	버섯구이	블루베리
무게(g)	300	500	400	100	150	80
열량(kcal)	540	440	760	25	90	40
반찬	우유식빵	사과잼	된장찌개	갈비찜	깍두기	연근조림
무게(g)	100	40	200	200	50	100
열량(kcal)	350	110	176	597	50	96

〈A의 하루 식단〉

구분	식단
아침	유유식빵 80g, 사과잼 40g, 블루베리 60g
점심	현미밥 200g, 갈비찜 200g, 된장찌개 100g, 버섯구이 50g, 시금치나물 20g
저녁	현미밥 100g, 미역국 200g, 고등어구이 150g, 깍두기 50g, 연근조림 50g

① 1,940kcal   ② 2,120kcal

③ 2,239kcal   ④ 2,352kcal

40 다음은 A지역의 연도별 아파트 분쟁 신고현황에 대한 자료이다. 이를 나타낸 그래프로 옳은 것을 〈보기〉에서 모두 고르면?

〈연도별 아파트 분쟁 신고현황〉

(단위 : 건)

구분	2018년	2019년	2020년	2021년
관리비 회계 분쟁	220	280	340	350
입주자대표회의 운영 분쟁	40	60	100	120
정보공개 관련 분쟁	10	20	10	30
하자처리 분쟁	20	10	10	20
여름철 누수 분쟁	80	110	180	200
층간소음 분쟁	430	520	860	1,280

보기

ㄱ. 연도별 층간소음 분쟁 현황

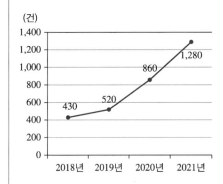

ㄴ. 2019년 아파트 분쟁신고 현황

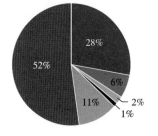

■ 관리비 회계 분쟁   ■ 하자처리 분쟁
■ 입주자대표회의 운영 분쟁   ■ 여름철 누수 분쟁
■ 정보공개 관련 분쟁   ■ 층간소음 분쟁

ㄷ. 전년 대비 아파트 분쟁신고 증가율

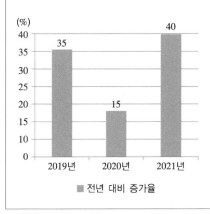

■ 전년 대비 증가율

ㄹ. 3개년 연도별 아파트 분쟁 신고현황

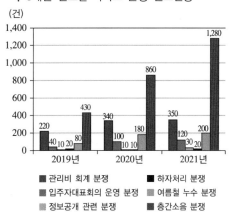

■ 관리비 회계 분쟁   ■ 하자처리 분쟁
■ 입주자대표회의 운영 분쟁   ■ 여름철 누수 분쟁
■ 정보공개 관련 분쟁   ■ 층간소음 분쟁

① ㄱ, ㄴ

② ㄱ, ㄷ

③ ㄴ, ㄷ

④ ㄴ, ㄹ

| 02 | 추리능력검사

※ 다음 〈조건〉을 보고 ?에 들어갈 문자를 고르시오. [1~2]

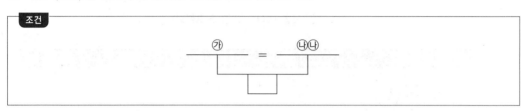

01

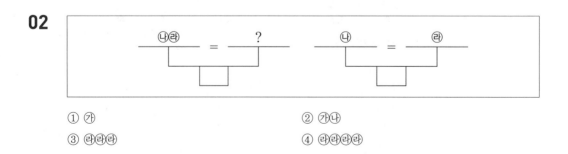

① ㉮㉮

② ㉮㉯㉯

③ ㉯㉯㉯

④ ㉯㉯㉯㉯

02

① ㉮

② ㉮㉯

③ ㉰㉰㉰

④ ㉰㉰㉰㉰

조건

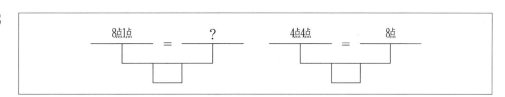

03

8点1点 = ?　　4点4点 = 8点

① 1点1点1点4点4点

② 1点1点1点1点1点

③ 4点4点8点

④ 8点8点

04

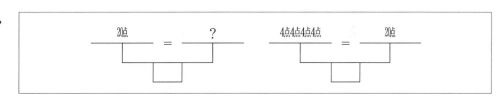

① 1点1点1点1点1点1点

② 1点1点1点1点1点1点1点

③ 1点1点1点1点1点1点1点1点1点1点

④ 1点1点1点1点1点1点1点1点1点1点1点

※ 다음 〈조건〉을 보고 ?에 들어갈 문자를 고르시오. [5~6]

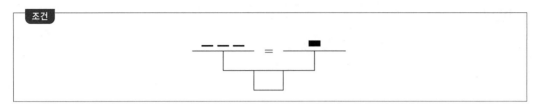

05

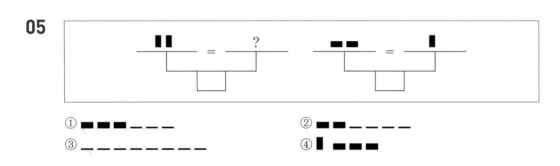

① ■■■ _ _ _
② ■■ _ _ _ _
③ _ _ _ _ _ _ _ _
④ ▌ ■■■

06

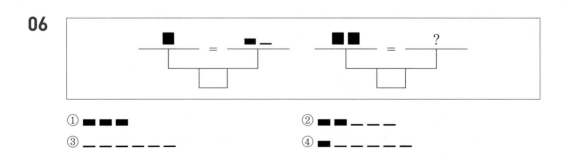

① ■■■
② ■■ _ _ _
③ _ _ _ _ _
④ ■ _ _ _ _

※ 다음 〈조건〉을 보고 ?에 들어갈 문자를 고르시오. [7~8]

PART 2

조건

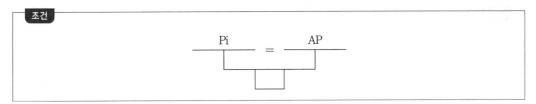

07

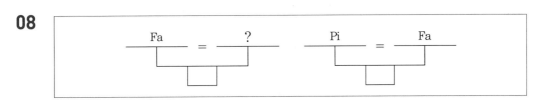

① Pi   ② PiPi

③ APAP   ④ NNPi

08

① AP   ② APAP

③ FaPi   ④ FaFa

조건

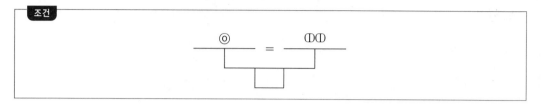

09

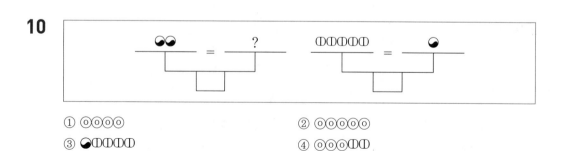

① ♮ ♮ ♮
② ♮ ♮ ◎◎
③ ◎◎◑
④ ◎◎◎◎

10

① ◎◎◎◎
② ◎◎◎◎◎
③ ●◑◑◑◑
④ ◎◎◎◑◑

※ 다음 〈조건〉을 보고 ?에 들어갈 문자를 고르시오. [11~12]

조건

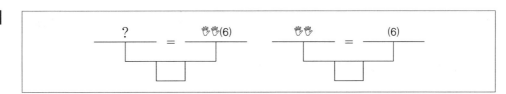

11

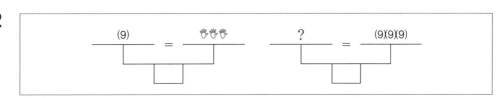

① (6)(6)(6)

② (3)(3)(3)(6)

③ (3)(3)✋✋

④ (3)(3)(6)✋

12

① (3)(3)(3)(3)(3)(3)(3)

② (3)(3)(3)(3)(3)(3)(3)(3)(3)

③ ✋✋✋(3)(3)(3)

④ ✋✋✋(3)(3)(3)(3)

※ 다음 〈조건〉을 보고 ?에 들어갈 문자를 고르시오. [13~14]

조건

13

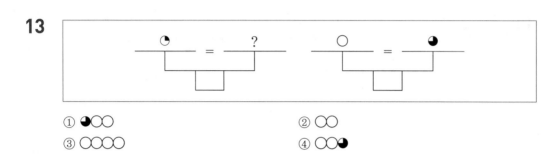

① ◑○○　　　　　　　　　② ○○

③ ○○○○　　　　　　　④ ○○◑

14

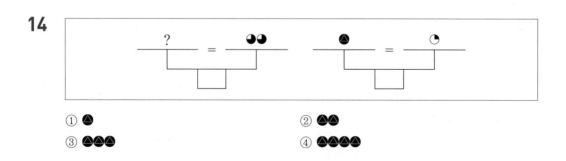

① ◓　　　　　　　　　　② ◓◓

③ ●◓◓　　　　　　　　④ ●◓◓◓

조건

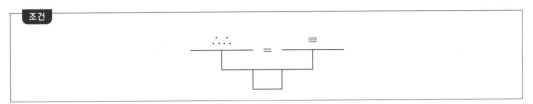

15

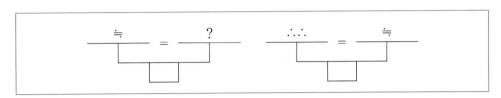

① ≡
② ≡≡
③ ≡∴
④ ∴≡≡

16

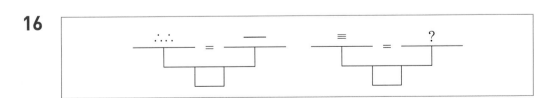

① —— —
② ∴∴—
③ ——
④ —∴∴

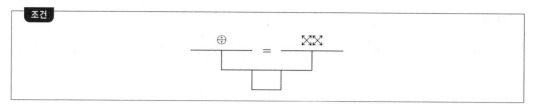

17

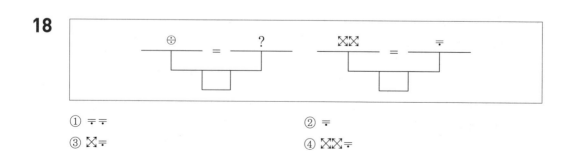

① ✥÷

② ✥

③ ✥✥

④ ÷✥✥

18

① ⌤ ⌤

② ⌤

③ ⊠⌤

④ ⊠⊠⌤

※ 다음 〈조건〉을 보고 ?에 들어갈 문자를 고르시오. [19~20]

조건

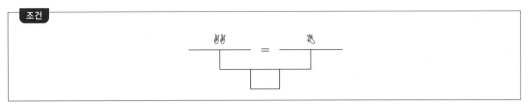

19

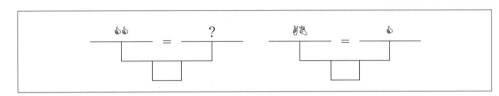

① 🐇🐇🐇🐇
② 🐇🐇🐇🐇🐇
③ 🐇🐇🐇🐾🐾
④ 🐾🐾🐾

20

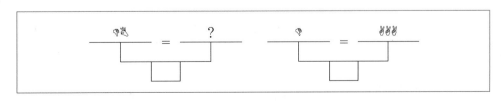

① 🐇
② 🐇🐇🐇
③ 🐇🐇🐇🐇🐇
④ 🐇🐇🐇🐇🐇🐇🐇

※ 제시문 A를 읽고, 제시문 B가 참인지 거짓인지 혹은 알 수 없는지 고르시오. [21~25]

21

[제시문 A]
• 산을 정복하고자 하는 사람은 항상 도전정신과 끈기가 있다.
• 도전정신과 끈기가 있는 사람은 공부를 잘한다.

[제시문 B]
공부를 잘하는 사람은 산을 정복하고자 한다.

① 참   ② 거짓   ③ 알 수 없음

22

[제시문 A]
• 오이보다 토마토가 더 비싸다.
• 토마토보다 참외가 더 비싸다.
• 파프리카가 가장 비싸다.

[제시문 B]
참외가 두 번째로 비싸다.

① 참   ② 거짓   ③ 알 수 없음

23

[제시문 A]
• 오래달리기를 잘하는 모든 사람은 인내심이 있다.
• 체력이 좋은 모든 사람은 오래달리기를 잘한다.

[제시문 B]
체력이 좋은 지훈이는 인내심이 있다.

① 참   ② 거짓   ③ 알 수 없음

24

[제시문 A]
• 독서실에 가면 영어공부를 할 것이다.
• 도서관에 가면 과제를 할 것이다.
• 영어공부를 하면 과제를 하지 않을 것이다.

[제시문 B]
독서실에 가면 도서관에 가지 않을 것이다.

① 참   ② 거짓   ③ 알 수 없음

PART 2

25

[제시문 A]
• 붉은 명찰 3개, 흰 명찰 2개가 있다.
• 5개의 명찰 중 3개를 A ~ C의 등에 각각 붙였다.
• 자신의 명찰 색은 알 수 없지만 다른 2명의 명찰은 볼 수 있다.
• 남은 2개의 명찰이 무슨 색인지는 알 수 없다.
• A와 B는 자신의 명찰이 무슨 색인지 알 수 없다고 대답했다.
• C는 A, B의 답을 듣고 자신의 명찰이 무슨 색인지 옳은 답을 말했다.

[제시문 B]
C의 명찰은 붉은 명찰이다.

① 참   ② 거짓   ③ 알 수 없음

- 스타박스, 커피벤, 카페버네, 에디야의 4종류 커피브랜드가 있다.
- 지용, 승현, 현석이는 4종류의 커피브랜드 중 한 종류의 커피브랜드를 좋아한다.
- 지용이는 커피벤과 카페버네를 좋아하지 않는다.
- 승현이는 에디야를 좋아한다.
- 지용이와 승현이는 좋아하는 커피브랜드가 다르다.
- 현석이는 에디야를 좋아하지 않는다.

26 지용이가 좋아하는 커피브랜드는 스타박스이다.

① 참   ② 거짓   ③ 알 수 없음

27 현석이는 스타박스를 좋아하지 않는다.

① 참   ② 거짓   ③ 알 수 없음

※ 다음 제시문을 읽고 각 문제가 항상 참이면 ①, 거짓이면 ②, 알 수 없으면 ③을 고르시오. [28~30]

- A카페에 가면 타르트를 주문한다.
- 빙수를 주문하면 타르트를 주문하지 않는다.
- 타르트를 주문하면 아메리카노를 주문한다.

28 아메리카노를 주문하지 않으면 A카페를 가지 않았다는 것이다.

① 참   ② 거짓   ③ 알 수 없음

29 아메리카노를 주문하면 A카페에 간다.

① 참   ② 거짓   ③ 알 수 없음

30 빙수를 주문하지 않으면 타르트를 주문한다.

① 참   ② 거짓   ③ 알 수 없음

31

- 수박을 사면 감자를 산다.
- 귤을 사면 고구마를 사지 않는다.
- 사과를 사면 배도 산다.
- 배를 사면 수박과 귤 중 하나를 산다.
- 고구마를 사지 않으면 감자를 산다.

① 사과를 사면 수박과 귤 모두 산다.
② 수박을 사지 않으면 고구마를 산다.
③ 배를 사지 않으면 수박과 귤 모두 산다.
④ 귤을 사면 감자도 같이 산다.

32

- 노랑 상자는 초록 상자에 들어간다.
- 파랑 상자는 빨강 상자에 들어간다.
- 빨강 상자와 노랑 상자가 같은 크기이다.

① 파랑 상자는 초록 상자에 들어가지 않는다.
② 초록 상자는 빨강 상자에 들어간다.
③ 초록 상자는 파랑 상자에 들어가지 않는다.
④ 노랑 상자는 빨강 상자에 들어간다.

33

- 스포츠를 좋아하는 사람은 음악을 좋아한다.
- 그림을 좋아하는 사람은 독서를 좋아한다.
- 음악을 좋아하지 않는 사람은 독서를 좋아하지 않는다.

① 스포츠를 좋아하지 않는 사람은 독서를 좋아한다.
② 음악을 좋아하는 사람은 독서를 좋아하지 않는다.
③ 독서를 좋아하는 사람은 스포츠를 좋아하지 않는다.
④ 그림을 좋아하는 사람은 음악을 좋아한다.

34

> • 어떤 남자는 산을 좋아한다.
> • 산을 좋아하는 남자는 결혼을 했다.
> • 결혼을 한 모든 남자는 자유롭다.

① 산을 좋아하는 어떤 남자는 결혼을 하지 않았다.
② 결혼을 한 사람은 남자이다.
③ 산을 좋아하는 사람은 모두 남자이다.
④ 어떤 남자는 자유롭다.

35

> • 액션영화를 보면 팝콘을 먹는다.
> • 커피를 마시지 않으면 콜라를 마시지 않는다.
> • 콜라를 마시지 않으면 액션영화를 본다.
> • 팝콘을 먹으면 나쵸를 먹지 않는다.
> • 애니메이션을 보면 커피를 마시지 않는다.

① 커피를 마시면 액션영화를 본다.
② 액션영화를 보면 애니메이션을 본다.
③ 나쵸를 먹으면 액션영화를 본다.
④ 애니메이션을 보면 팝콘을 먹는다.

36

> • 딸기에는 비타민 C가 키위의 2.6배 정도 함유되어 있다.
> • 귤에는 비타민 C가 키위의 1.6배 정도 함유되어 있다.
> • 키위에는 비타민 C가 사과의 5배 정도 함유되어 있다.

① 키위의 비타민 C 함유량이 가장 많다.
② 딸기의 비타민 C 함유량이 가장 많다.
③ 귤의 비타민 C 함유량이 가장 많다.
④ 사과의 비타민 C 함유량이 가장 많다.

37

- 민정이는 일주일에 세 번 아르바이트를 한다.
- 민정이는 월요일과 일요일에는 아르바이트를 하지 않는다.
- 이틀 연속 아르바이트를 하는 날은 없다.

① 화요일은 민정이가 아르바이트를 하는 날이다.
② 수요일은 민정이가 아르바이트를 하는 날이다.
③ 목요일은 민정이가 아르바이트를 하지 않는 날이다.
④ 토요일은 민정이가 아르바이트를 하지 않는 날이다.

PART 2

38

- 방송 채널 중 K채널의 시청률은 M채널의 시청률보다 0.5% 높다.
- M채널의 시청률은 S채널의 시청률보다 0.3% 낮다.

① K채널과 S채널의 시청률은 비교할 수 없다.
② S채널의 시청률은 K채널의 시청률보다 0.2% 높다.
③ M채널의 시청률이 가장 높다.
④ K채널의 시청률이 가장 높다.

39

- 인생은 예술보다 짧다.
- 하루살이는 인생보다 짧다.

① 예술은 인생보다 길지 않다.
② 하루살이는 예술보다 짧다.
③ 어떤 예술은 인생보다 짧다.
④ 인생이 가장 짧다.

40

- 한나는 장미를 좋아한다.
- 노란색을 좋아하는 사람은 사과를 좋아하지 않는다.
- 장미를 좋아하는 사람은 사과를 좋아한다.

① 사과를 좋아하지 않는 사람은 장미를 좋아한다.
② 노란색을 좋아하지 않는 사람은 사과를 좋아한다.
③ 장미를 좋아하는 사람은 노란색을 좋아한다.
④ 한나는 노란색을 좋아하지 않는다.

| 03 | 지각능력검사

※ 제시된 문자와 동일한 문자를 〈보기〉에서 찾아 고르시오(단, 가장 왼쪽 문자를 시작 지점으로 한다).
   [1~4]

보기

| ⌚ | ◎ | ☞ | ♌ | ⋀ | ▦ | ☆ | ≈ |

01

▦

① 3번째   ② 6번째
③ 7번째   ④ 8번째

02

☞

① 1번째   ② 3번째
③ 5번째   ④ 7번째

03

♌

① 1번째   ② 2번째
③ 4번째   ④ 7번째

04

⋀

① 1번째   ② 2번째
③ 3번째   ④ 5번째

※ 제시된 문자와 동일한 문자를 〈보기〉에서 찾아 고르시오(단, 가장 왼쪽 문자를 시작 지점으로 한다).
[5~8]

보기

♉ ♌ ♐ ◑ ■ ❖ ⊠ ❀

05

⊠

① 4번째   ② 5번째
③ 7번째   ④ 8번째

06

♐

① 1번째   ② 2번째
③ 3번째   ④ 4번째

07

♌

① 1번째   ② 2번째
③ 5번째   ④ 7번째

08

❀

① 1번째   ② 6번째
③ 7번째   ④ 8번째

※ 제시된 문자와 동일한 문자를 〈보기〉에서 찾아 고르시오(단, 가장 왼쪽 문자를 시작 지점으로 한다).
[9~12]

    👆   ☹   ☠   🏳   ✈   ✠   ॐ   ♈

09

🏳

① 4번째   ② 6번째
③ 7번째   ④ 8번째

10

☹

① 2번째   ② 5번째
③ 6번째   ④ 8번째

11

👆

① 1번째   ② 2번째
③ 6번째   ④ 7번째

12

✠

① 2번째   ② 3번째
③ 4번째   ④ 6번째

※ 제시된 문자와 동일한 문자를 〈보기〉에서 찾아 고르시오(단, 가장 왼쪽 문자를 시작 지점으로 한다).
[13~16]

보기

⟨⟩ ✉ ✂ ✏ 📁 🖳 ⧗ ⌨

13

✂

① 1번째   ② 2번째
③ 3번째   ④ 7번째

14

📁

① 2번째   ② 4번째
③ 5번째   ④ 8번째

15

⧗

① 2번째   ② 4번째
③ 6번째   ④ 7번째

16

⌨

① 2번째   ② 5번째
③ 6번째   ④ 8번째

※ 제시된 문자와 동일한 문자를 〈보기〉에서 찾아 고르시오(단, 가장 왼쪽 문자를 시작 지점으로 한다).
  [17~20]

> **보기**
>
> ɯ   ⅗   st   ≪   ↖   ↻   ⌄   ⚝

17

⌄

① 1번째   ② 2번째
③ 3번째   ④ 7번째

18

↖

① 2번째   ② 3번째
③ 5번째   ④ 6번째

19

st

① 3번째   ② 5번째
③ 6번째   ④ 7번째

20

↻

① 5번째   ② 6번째
③ 7번째   ④ 8번째

21

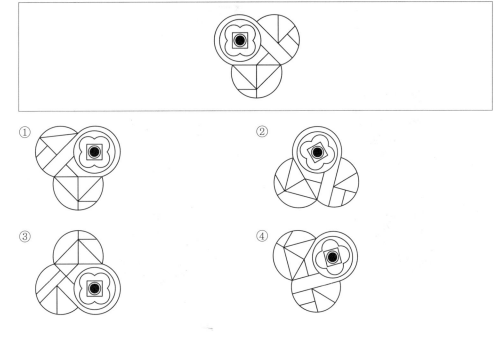

22

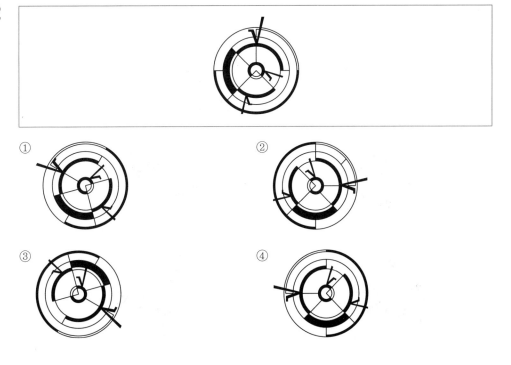

PART 2

23

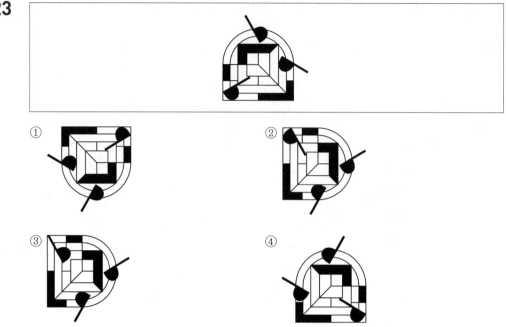

24

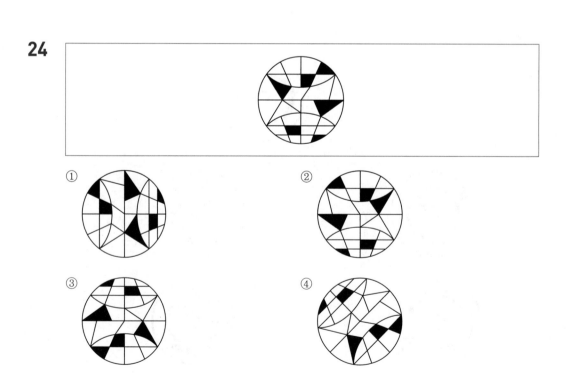

25

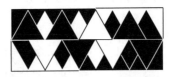

①

②

③

④

※ 다음 중 나머지 도형과 다른 것을 고르시오. [26~30]

26

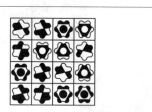

① ② ③ ④

27

① ② ③ ④

28

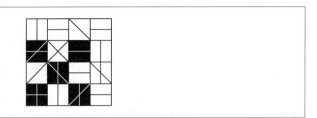

①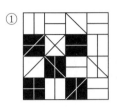

②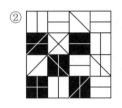

③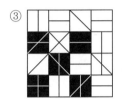

④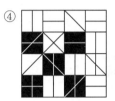

29

①

②

③

④

30

①

②

③

④

※ 다음과 같은 모양을 만드는 데 사용된 블록의 개수를 고르시오(단, 보이지 않는 곳의 블록은 있다고 가정한다). [31~40]

31

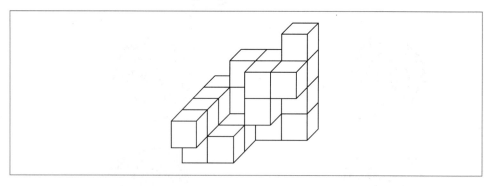

① 21개

② 22개

③ 23개

④ 24개

32

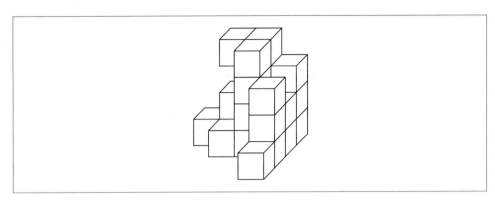

① 19개   ② 20개

③ 21개   ④ 22개

33

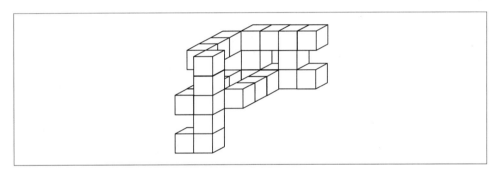

① 26개   ② 27개

③ 28개   ④ 29개

34

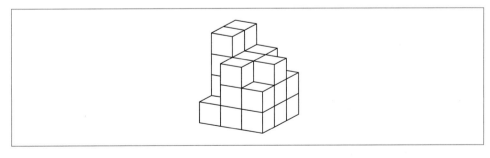

① 22개   ② 23개

③ 24개   ④ 25개

35

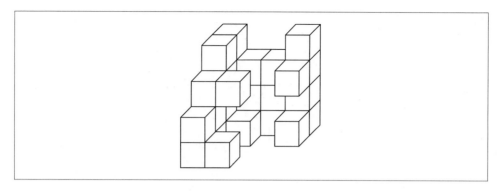

① 24개   ② 26개
③ 27개   ④ 28개

36

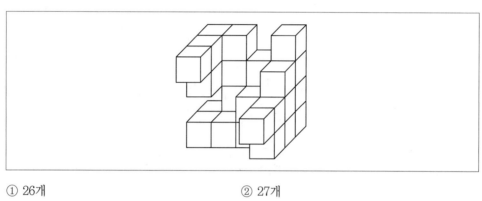

① 26개   ② 27개
③ 28개   ④ 29개

37

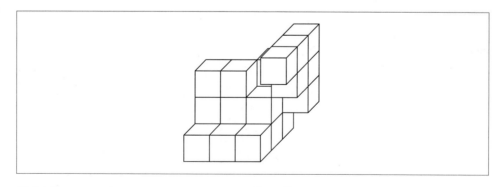

① 24개   ② 25개
③ 26개   ④ 27개

38

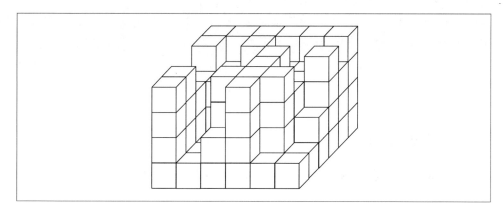

① 110개   ② 111개

③ 112개   ④ 113개

39

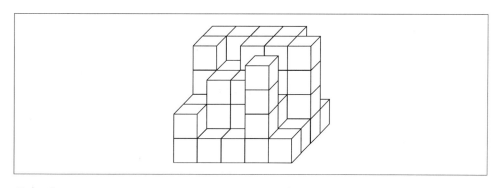

① 54개   ② 55개

③ 56개   ④ 57개

40

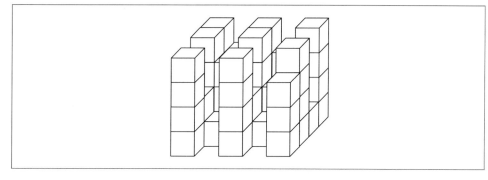

① 52개   ② 53개

③ 54개   ④ 55개

| 01 | 수리능력검사

※ 다음 식을 계산한 값으로 옳은 것을 고르시오. [1~20]

01

$$1,223+2,124+5,455-6,751$$

① 2,021　　　　　　　　　　② 2,031
③ 2,041　　　　　　　　　　④ 2,051

02

$$12^2+13^2-6^2-5^2$$

① 222　　　　　　　　　　② 232
③ 242　　　　　　　　　　④ 252

03

$$232\times23+245$$

① 5,481　　　　　　　　　　② 5,581
③ 5,681　　　　　　　　　　④ 5,781

04

$$453+34\div2+775$$

① 1,245　　　　　　　　　　② 1,345
③ 1,445　　　　　　　　　　④ 1,555

05

$$\frac{7}{34}+2\times\frac{5}{34}+\frac{1}{2}$$

① 1   ② 2

③ 3   ④ 4

06

$$546-796\div4-56$$

① 261   ② 271

③ 281   ④ 291

07

$$135\times6+546\times4$$

① 2,994   ② 2,894

③ 2,794   ④ 2,694

08

$$5,432+432+32+2$$

① 5,698   ② 5,798

③ 5,898   ④ 5,998

09

$$672\div112\times6-24$$

① 12   ② 13

③ 14   ④ 15

10

$$153 \times 5 - 5 \times 136$$

① 55   ② 65

③ 75   ④ 85

11

$$648 \div 8 + 848 \div 8$$

① 167   ② 177

③ 187   ④ 197

12

$$3 \times 6 \times 4 \times 5$$

① 359   ② 360

③ 361   ④ 362

13

$$4.2 \times 7 + 5.3 \times 2$$

① 38   ② 39

③ 40   ④ 41

14

$$444 \div 37 \div 2 \div 3$$

① 1   ② 2

③ 3   ④ 4

15

$$444+333+777+666$$

① 2,000   ② 2,100

③ 2,220   ④ 2,320

16

$$72 \div 2^2 \times 3 \div 3^3$$

① 2   ② 3

③ 4   ④ 5

17

$$(24+24+24+24+24) \times \frac{4}{5} \div \frac{12}{6}$$

① 42   ② 46

③ 48   ④ 50

18

$$252 \div 4 \times 3^2 + 3$$

① 567   ② 568

③ 569   ④ 570

19

$$544+64 \times 5+6$$

① 840   ② 850

③ 860   ④ 870

20

$$12 \times 3 \times 5 + 524$$

① 704　　　　　　　　　② 714

③ 724　　　　　　　　　④ 734

21 다음은 어느 사탕 가게의 주문이다. 딸기 맛 1개와 바닐라 맛 1개의 사탕을 주문했을 때, 지불해야 하는 금액은?

주문번호	딸기 맛	바닐라 맛	초콜릿 맛	합계(원)
1	2개	–	1개	7,000
2	–	2개	–	4,000
3	3개	–	2개	11,500

① 4,500원　　　　　　　② 5,000원

③ 5,500원　　　　　　　④ 6,000원

22 S사의 구내식당에서는 지난달 한 포대당 12,500원의 쌀을 구매하는 데 3,750,000원을 사용하였다. 이번 달에도 같은 양의 쌀을 주문하였으나, 최근 쌀값이 올라 한 포대당 14,000원의 금액을 냈다. 이번 달의 쌀 구매비용은 지난달보다 얼마나 더 증가하였는가?

① 450,000원　　　　　　② 480,000원

③ 520,000원　　　　　　④ 536,000원

23 한 개에 500원짜리 과자와 200원짜리 사탕을 합하여 15개를 사고 4,500원을 냈다. 이때 구매한 사탕의 개수는?

① 8개　　　　　　　　　② 9개

③ 10개　　　　　　　　　④ 11개

24 남자 4명, 여자 4명으로 이루어진 팀에서 2명의 팀장을 뽑으려고 한다. 이때 팀장 2명이 모두 남자로만 구성될 확률은?

① $\dfrac{3}{7}$

② $\dfrac{3}{14}$

③ $\dfrac{2}{7}$

④ $\dfrac{4}{7}$

25 학교에 가는 데 버스를 타고 갈 확률이 $\dfrac{1}{3}$, 걸어갈 확률이 $\dfrac{2}{3}$일 때, 3일 중 첫날은 버스를 타고, 남은 2일은 순서에 상관없이 버스 한 번, 걸어서 한 번 갈 확률은?

① $\dfrac{1}{27}$

② $\dfrac{2}{27}$

③ $\dfrac{1}{9}$

④ $\dfrac{4}{27}$

26 A는 뛰어서 200m/min 속도로 가고, B는 걸어서 50m/min의 속도로 간다. B가 A보다 300m 앞에 있을 때, 시간이 얼마나 지나야 서로 만나게 되는가?

① 1분

② 2분

③ 3분

④ 4분

27 A, B의 집 간의 거리는 150km이다. 서로를 향하여 각각 3km/h와 12km/h의 속도로 간다면, 둘은 몇 시간 후에 만나겠는가?

① 9시간

② 10시간

③ 11시간

④ 12시간

28 시속 300km/h로 달리는 KTX 열차가 있다. 목적지까지 400km가 걸리며, 정차해야 하는 역이 7군데 있다. 정차역에서 10분간 대기 후 출발한다고 했을 때, 출발시간으로부터 총 걸린 시간은 얼마인가?(단, 일정한 속도로 달리는 것으로 가정한다)

① 1시간 10분
③ 2시간 20분

② 1시간 20분
④ 2시간 30분

29 종대와 종인이의 나이 차이는 3세이다. 아버지의 나이는 종대와 종인이의 나이의 합보다 1.6배 많다. 종대의 나이가 14세이면 아버지의 나이는?(단, 종대가 형이고, 종인이가 동생이다)

① 37세
③ 40세

② 38세
④ 41세

30 어머니의 나이는 10대인 아들 나이의 3배이다. 이때 아들과 어머니의 나이의 합이 62보다 작다면 아들은 최대 몇 살인가?

① 14살
③ 16살

② 15살
④ 17살

31 다음은 2014년부터 2022년까지 공연예술의 연도별 행사 추이를 나타낸 자료이다. 이에 대한 설명으로 옳은 것은?

⟨연도별 공연예술 행사 추이⟩

(단위 : 건)

구분	2014년	2015년	2016년	2017년	2018년	2019년	2020년	2021년	2022년
양악	2,658	2,658	2,696	3,047	3,193	3,832	3,934	4,168	4,628
국악	617	1,079	1,002	1,146	1,380	1,440	1,884	1,801	2,192
무용	660	626	778	1,080	1,492	1,323	–	1,480	1,521
연극	610	482	593	717	1,406	1,113	1,300	1,929	1,794

① 매년 국악 공연 건수가 연극 공연 건수보다 더 많다.
② 매년 양악 공연 건수가 국악, 무용, 연극보다 더 많다.
③ 2014년부터 2022년까지 공연 건수의 증가율이 가장 높은 장르는 국악이다.
④ 연극 공연 건수가 무용 공연 건수보다 많아진 것은 2021년부터이다.

32 다음은 기업 집중도 현황에 관한 자료이다. 이에 대한 설명으로 옳지 않은 것은?

<표 제목>

구분	2020년	2021년	2022년	
				전년 대비
상위 10대 기업	25.0%	26.9%	25.6%	▽ 1.3%p
상위 50대 기업	42.2%	44.7%	44.7%	-
상위 100대 기업	48.7%	51.2%	51.0%	▽ 0.2%p
상위 200대 기업	54.5%	56.9%	56.7%	▽ 0.2%p

〈기업 집중도 현황〉

① 2022년의 상위 10대 기업의 점유율은 전년도에 비해 낮아졌다.

② 2020년 상위 101 ~ 200대 기업이 차지하고 있는 비율은 5% 미만이다.

③ 전년 대비 2022년에는 상위 50대 기업을 제외하고 모두 점유율이 감소했다.

④ 전년 대비 2022년의 상위 100대 기업이 차지하고 있는 점유율은 약간 하락했다.

33 다음은 2022년 9월 인천국제공항 원인별 지연 및 결항 통계를 나타낸 자료이다. 이에 대한 설명으로 옳은 것은?(단, 소수점 첫째 자리에서 반올림하여 계산한다)

〈2022년 9월 인천국제공항 원인별 지연 및 결항 통계〉

(단위 : 편)

구분	기상	A/C 접속	A/C 정비	여객처리 및 승무원관련	복합원인	기타	합계
지연	118	1,676	117	33	2	1,040	2,986
결항	17	4	10	0	0	39	70

① 기상으로 지연된 경우는 기상으로 결항된 경우의 약 5배이다.

② 기타를 제외하고 항공편 지연과 결항에서 가장 높은 비중을 차지하고 있는 원인이 같다.

③ 9월에 인천국제공항을 이용하는 비행기가 지연되었을 확률은 98%이다.

④ 항공기 지연 중 A/C 정비가 차지하는 비율은 결항 중 기상이 차지하는 비율의 $\frac{1}{6}$ 수준이다.

34 다음은 S기업의 신입사원 채용인원에 관한 자료이다. 2020년부터 2022년까지 여성 신입사원은 매년 30명씩 증가하였고 2022년의 신입사원 총원이 500명일 때, 남녀의 성비는?(단, 남녀 성비는 여성 100명당 남성의 수이고, 소수점 둘째 자리에서 반올림한다)

〈신입사원 채용인원〉

(단위 : 명)

구분	2020년	2021년	2022년
남성	210	200	
여성	230	260	
합계	440	460	500

① 71.0

② 72.4

③ 72.8

④ 73.1

35 다음은 특정 기업 47개를 대상으로 제품전략, 기술개발 종류 및 기업형태별 기업 수에 관해 조사한 자료이다. 이에 대한 설명으로 옳은 것은?

〈제품전략, 기술개발 종류 및 기업형태별 기업 수〉

(단위 : 개)

제품전략	기술개발 종류	기업형태	
		벤처기업	대기업
시장견인	존속성 기술	3	9
	와해성 기술	7	8
기술추동	존속성 기술	5	7
	와해성 기술	5	3

※ 각 기업은 한 가지 제품전략을 취하고 한 가지 종류의 기술을 개발함

① 와해성 기술을 개발하는 기업 중에는 벤처기업의 비율이 대기업의 비율보다 낮다.

② 기술추동 전략을 취하는 기업 중에는 존속성 기술을 개발하는 비율이 와해성 기술을 개발하는 비율보다 낮다.

③ 존속성 기술을 개발하는 기업의 비율이 와해성 기술을 개발하는 기업의 비율보다 높다.

④ 벤처기업 중에서 기술추동 전략을 취하는 비율은 시장견인 전략을 취하는 비율보다 높다.

36 어떤 고등학생이 13살 동생, 40대 부모님, 65세 할머니와 함께 박물관에 가려고 한다. 주말에 입장할 때와 주중에 입장할 때의 요금 차이는?

〈박물관 입장료〉		
구분	주말	주중
어른	20,000원	18,000원
중·고등학생	15,000원	13,000원
어린이	11,000원	10,000원

※ 어린이 : 3살 이상 13살 이하
※ 경로 : 65세 이상은 50% 할인

① 8,000원
② 9,000원
③ 10,000원
④ 11,000원

37 어느 통신회사는 휴대전화의 통화시간에 따라 월 2시간까지는 기본요금, 2시간 초과 3시간까지는 분당 a원, 3시간 초과부터는 $2a$원을 부과한다. 다음 자료와 같이 요금이 청구되었을 때, a의 값은?

〈휴대전화 이용요금〉		
구분	통화시간	요금
1월	3시간 30분	21,600원
2월	2시간 20분	13,600원

① 50
② 80
③ 100
④ 120

38 다음은 S매장을 방문한 손님 수를 월별로 나타낸 자료이다. 남자 손님 수가 가장 많은 달은 몇 월인가?

〈월별 S매장 방문 손님 수〉

(단위 : 명)

구분	1월	2월	3월	4월
전체 손님 수	56	59	57	56
여자 손님 수	23	29	34	22

① 1월　　　　　　　　　　② 2월
③ 3월　　　　　　　　　　④ 4월

39 다음은 S사의 2022년 분기별 손익 현황을 나타낸 자료이다. 〈보기〉 중 자료에 대한 설명으로 옳은 것을 모두 고르면?

〈2022년 분기별 손익 현황〉

(단위 : 억 원)

구분		1분기	2분기	3분기	4분기
손익	매출액	9,332	9,350	8,364	9,192
	영업손실	278	491	1,052	998
	당기순손실	261	515	1,079	1,559

※ 영업이익률(%)=$\dfrac{\text{영업이익(손실)}}{\text{매출액}}$×100[단, 영업이익은 +로, 손실은 −로 계산한다]

보기

ㄱ. 2022년 3분기의 영업이익이 가장 높다.
ㄴ. 2022년 4분기의 영업이익률은 2022년 1분기보다 감소하였다.
ㄷ. 2022년 2 ~ 4분기 매출액은 직전 분기보다 증가하였다.
ㄹ. 2022년 3분기의 당기순손실은 직전 분기 대비 100% 이상 증가하였다.

① ㄱ, ㄴ　　　　　　　　　② ㄱ, ㄷ
③ ㄴ, ㄷ　　　　　　　　　④ ㄴ, ㄹ

40 다음은 성별에 따른 사망 원인의 순위를 나타낸 그래프이다. 이에 대한 설명으로 옳지 않은 것은?

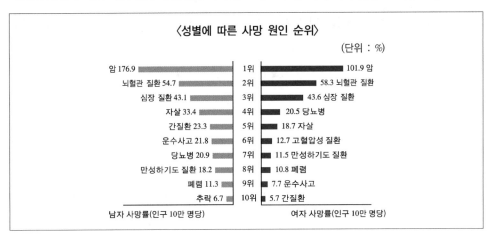

〈성별에 따른 사망 원인 순위〉

(단위 : %)

남자 사망률(인구 10만 명당)	순위	여자 사망률(인구 10만 명당)
암 176.9	1위	101.9 암
뇌혈관 질환 54.7	2위	58.3 뇌혈관 질환
심장 질환 43.1	3위	43.6 심장 질환
자살 33.4	4위	20.5 당뇨병
간질환 23.3	5위	18.7 자살
운수사고 21.8	6위	12.7 고혈압성 질환
당뇨병 20.9	7위	11.5 만성하기도 질환
만성하기도 질환 18.2	8위	10.8 폐렴
폐렴 11.3	9위	7.7 운수사고
추락 6.7	10위	5.7 간질환

① 남녀 모두 암이 가장 높은 순위의 사망 원인이다.

② 암으로 사망할 확률은 남성이 여성보다 높다.

③ 뇌혈관 질환으로 사망할 확률은 남성이 여성보다 높다.

④ 간질환은 여성보다 남성에게 더 높은 순위의 사망 원인이다.

※ 다음 〈조건〉을 보고 ?에 들어갈 문자를 고르시오. [1~2]

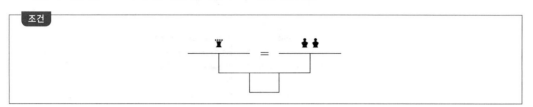

01

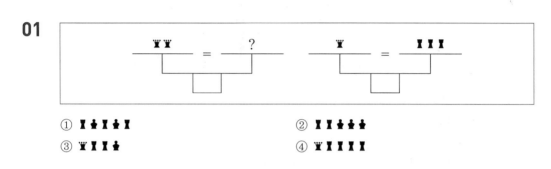

① ♜♟♜♟♜
② ♜♜♟♟♟
③ ♖♜♜♟
④ ♖♜♜♜♜

02

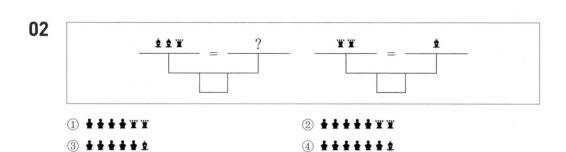

① ♟♟♟♟♖♖
② ♟♟♟♟♟♟♖
③ ♟♟♟♟♟♝
④ ♟♟♟♟♟♟♝♝

※ 다음 〈조건〉을 보고 ?에 들어갈 문자를 고르시오. [3~4]

조건

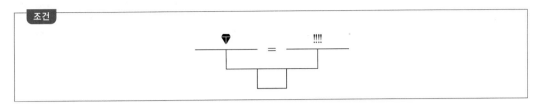

03

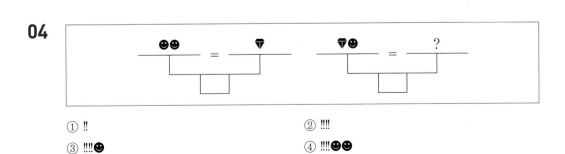

① ☺☺☺☺

② ☺☺☺‼

③ ‼‼‼‼‼

④ ‼

04

① ‼

② ‼‼‼‼

③ ‼‼‼‼☻

④ ‼‼‼‼☻☻

※ 다음 〈조건〉을 보고 ?에 들어갈 문자를 고르시오. [5~6]

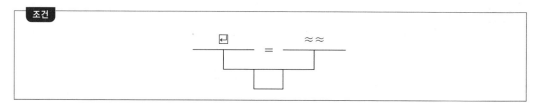

05

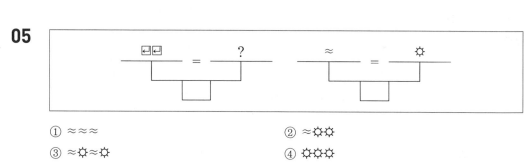

① ≈≈≈
② ≈☼☼
③ ≈☼≈☼
④ ☼☼☼

06

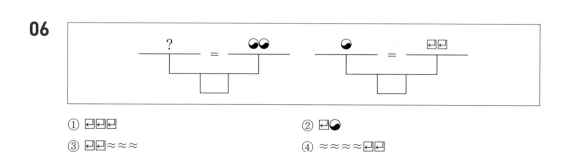

① ↵↵↵
② ↵◕
③ ↵↵≈≈≈
④ ≈≈≈↵↵

※ 다음 〈조건〉을 보고 ?에 들어갈 문자를 고르시오. **[7~8]**

조건

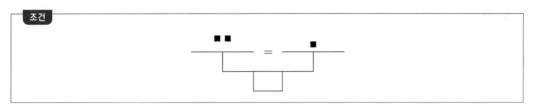

07

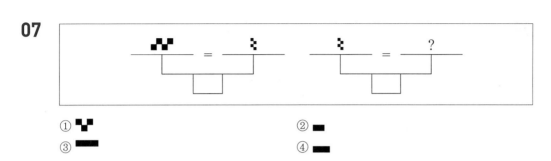

① ②
③ ④

08

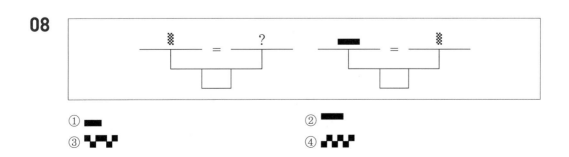

① ②
③ ④

※ 다음 〈조건〉을 보고 ?에 들어갈 문자를 고르시오. [9~10]

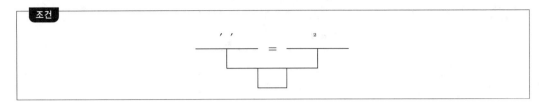

09

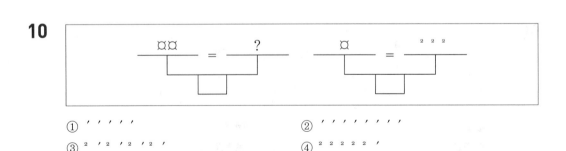

① ′

② ′ ′

③ ′ ′ ′

④ ′ ′ ′ ′

10

① ′ ′ ′ ′ ′

② ′ ′ ′ ′ ′ ′ ′

③ ² ′ ² ′ ² ′ ² ′

④ ² ² ² ² ² ′

※ 다음 〈조건〉을 보고 ?에 들어갈 문자를 고르시오. [11~12]

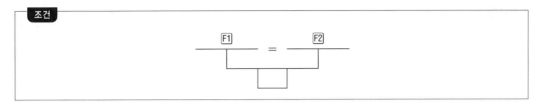

11

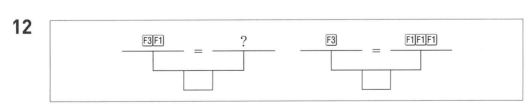

① F1F2
② F1F1F1
③ F1F1F1F1
④ F1F2F2

12

① F1F1F2
② F1F2F2
③ F2F2F2
④ F2F2F2F2

※ 다음 〈조건〉을 보고 ?에 들어갈 문자를 고르시오. [13~14]

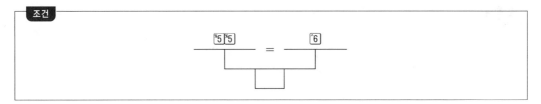

13

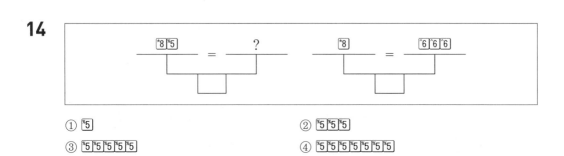

① ⁵⁵5

② ⁵5 ⁵5 ⁵5

③ ⁵5 ⁵5 ⁵5 ⁵5 ⁵5

④ ⁵5 ⁵5 ⁵5 ⁵5 ⁵5 ⁵5 ⁵5 ⁵5

14

① ⁵5

② ⁵5 ⁵5 ⁵5

③ ⁵5 ⁵5 ⁵5 ⁵5 ⁵5

④ ⁵5 ⁵5 ⁵5 ⁵5 ⁵5 ⁵5 ⁵5 ⁵5

※ 다음 〈조건〉을 보고 ?에 들어갈 문자를 고르시오. [15~16]

조건

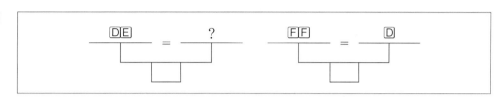

15

① EF
② FD
③ EE
④ FF

16

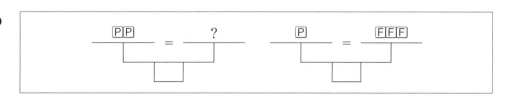

① EEE
② FFE
③ EFEF
④ EFEFEF

※ 다음 〈조건〉을 보고 ?에 들어갈 문자를 고르시오. [17~18]

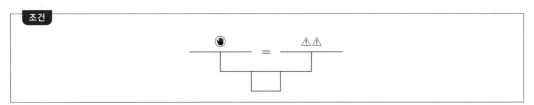

17

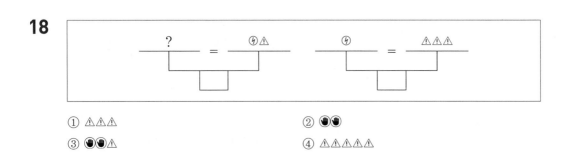

① ✋⚠

② ✋✋

③ ✋✋✋

④ ⚠⚠⚠⚠

18

① ⚠⚠⚠

② ✋✋

③ ✋✋⚠

④ ⚠⚠⚠⚠⚠

※ 다음 〈조건〉을 보고 ?에 들어갈 문자를 고르시오. [19~20]

조건

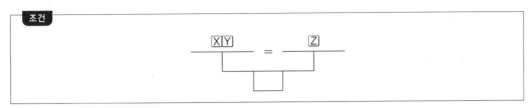

19

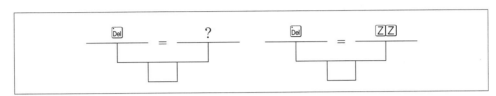

① X|Y
② X|Y|X|Y
③ X|Y|X|Y|Z
④ Z|Z|Z

20

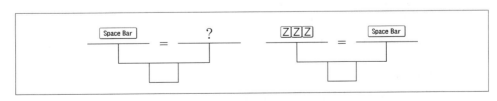

① X|Y
② X|Y|X|Y
③ X|Y|X|Y|Z
④ X|Y|X|Y|Z|Z

※ 제시문 A를 읽고, 제시문 B가 참인지 거짓인지 혹은 알 수 없는지 고르시오. [21~25]

21

[제시문 A]
• 영화관에 가면 팝콘을 먹겠다.
• 놀이동산에 가면 팝콘을 먹지 않겠다.

[제시문 B]
영화관에 가면 놀이동산에 가지 않겠다.

① 참　　　　　　　　② 거짓　　　　　　　　③ 알 수 없음

22

[제시문 A]
• 수영을 할 수 있는 사람은 다이빙을 할 수 있다.
• 자전거를 탈 수 있는 사람은 다이빙을 하지 못한다.
• 킥보드를 탈 수 있는 사람은 자전거를 탈 수 있다.

[제시문 B]
수영을 할 수 있는 사람은 킥보드를 탈 수 있다.

① 참　　　　　　　　② 거짓　　　　　　　　③ 알 수 없음

23

[제시문 A]
- 비판적 사고를 하는 모든 사람은 반성적 사고를 한다.
- 반성적 사고를 하는 모든 사람은 창의적 사고를 한다.

[제시문 B]
비판적 사고를 하는 사람은 창의적 사고도 한다.

① 참   ② 거짓   ③ 알 수 없음

24

[제시문 A]
- 피자를 좋아하는 모든 사람은 치킨을 좋아한다.
- 치킨을 좋아하는 모든 사람은 맥주를 좋아한다.

[제시문 B]
맥주를 좋아하는 미혜는 피자를 좋아한다.

① 참   ② 거짓   ③ 알 수 없음

25

[제시문 A]
- 주영이는 화요일에만 야근한다.
- 주영이는 야근한 다음 날에만 친구를 만난다.

[제시문 B]
주영이가 친구를 만나는 날은 월요일이다.

① 참   ② 거짓   ③ 알 수 없음

※ 다음 제시문을 읽고 각 문제가 항상 참이면 ①, 거짓이면 ②, 알 수 없으면 ③을 고르시오. [26~27]

> • 민희, 나경, 예진, 재은, 이현 5명은 손 크기를 비교해보았다.
> • 민희는 나경이보다 손이 크다.
> • 예진이는 재은이보다 손이 작다.
> • 예진이는 나경이보다 손이 작다.
> • 이현이는 재은이보다 손이 작지만 가장 작은 것은 아니다.

26 예진이가 손이 제일 작다.

① 참   ② 거짓   ③ 알 수 없음

27 이현이와 나경이는 손 크기가 거의 같다.

① 참   ② 거짓   ③ 알 수 없음

※ 다음 제시문을 읽고 각 문제가 항상 참이면 ①, 거짓이면 ②, 알 수 없으면 ③을 고르시오. [28~30]

> • 현정, 경서, 소희가 가지고 있는 동전은 모두 16개이다.
> • 어떤 사람도 같은 개수의 동전을 가지고 있지 않다.
> • 소희는 가장 많은 개수의 동전을 가지고 있다.
> • 경서는 가장 적은 개수의 동전을 가지고 있고, 동전을 모두 모으면 620원이다.
> • 모든 동전은 500원짜리, 100원짜리, 50원짜리, 10원짜리 중 하나이다.

28 경서는 4개의 동전을 가지고 있다.

① 참   ② 거짓   ③ 알 수 없음

29 소희가 모든 종류의 동전을 가지고 있다면 소희는 최소 720원을 가지고 있다.

① 참   ② 거짓   ③ 알 수 없음

30 현정이가 가지고 있는 동전을 모두 모았을 때 700원이 된다면, 현정이는 두 종류의 동전을 가지고 있다.

① 참   ② 거짓   ③ 알 수 없음

31

- 데스크탑은 노트북보다 가격이 높다.
- 만년필은 노트북보다 저렴하다.
- 제일 저렴한 것은 손목시계라고 한다.

① 가장 가격이 높은 것은 노트북이다.
② 두 번째로 가격이 높은 것은 만년필이다.
③ 노트북은 손목시계보다 가격이 높지만 만년필보다 가격이 낮다.
④ 데스크탑과 만년필의 가격 사이에는 노트북의 가격이 형성되어 있다.

32

- 연차를 쓸 수 있으면 제주도 여행을 한다.
- 배낚시를 하면 회를 좋아한다.
- 다른 계획이 있으면 배낚시를 하지 않는다.
- 다른 계획이 없으면 연차를 쓸 수 있다.

① 제주도 여행을 하면 다른 계획이 없다.
② 연차를 쓸 수 있으면 배낚시를 한다.
③ 배낚시를 하지 않으면 제주도 여행을 하지 않는다.
④ 제주도 여행을 하지 않으면 배낚시를 하지 않는다.

33

- 커피를 좋아하는 사람은 홍차를 좋아한다.
- 우유를 좋아하는 사람은 홍차를 좋아하지 않는다.
- 우유를 좋아하지 않는 사람은 콜라를 좋아한다.

① 커피를 좋아하는 사람은 콜라를 좋아하지 않는다.
② 우유를 좋아하는 사람은 콜라를 좋아한다.
③ 커피를 좋아하는 사람은 콜라를 좋아한다.
④ 우유를 좋아하지 않는 사람은 홍차를 좋아한다.

PART 2

34

- 냉면을 좋아하는 사람은 여름을 좋아한다.
- 호빵을 좋아하는 사람은 여름을 좋아하지 않는다.

① 호빵을 좋아하는 사람은 냉면을 좋아한다.
② 여름을 좋아하는 사람은 냉면을 좋아한다.
③ 냉면을 좋아하는 사람은 호빵을 좋아한다.
④ 호빵을 좋아하는 사람은 냉면을 좋아하지 않는다.

35

- 현명한 사람은 거짓말을 하지 않는다.
- 건방진 사람은 남의 말을 듣지 않는다.
- 거짓말을 하지 않으면 다른 사람의 신뢰를 얻는다.
- 남의 말을 듣지 않으면 친구가 없다.

① 현명한 사람은 다른 사람의 신뢰를 얻는다.
② 건방진 사람은 친구가 있다.
③ 거짓말을 하지 않으면 현명한 사람이다.
④ 다른 사람의 신뢰를 얻으면 거짓말을 하지 않는다.

36

- 모든 A는 어떤 B이다.
- 어떤 B는 모든 C가 아니다.
- 모든 C가 아니면, 어떤 A도 아니다.

① 어떤 B는 모든 A이다.
② 모든 B는 어떤 C이다.
③ 모든 A는 모든 C이다.
④ 어떤 A는 모든 A가 아니다.

37

- 티라노사우르스는 공룡이다.
- 곤충을 먹으면 공룡이 아니다.
- 곤충을 먹지 않으면 직립보행을 한다.

① 직립보행을 하지 않으면 공룡이다.
② 직립보행을 하면 티라노사우르스이다.
③ 곤충을 먹지 않으면 티라노사우르스이다.
④ 티라노사우르스는 직립보행을 한다.

38

- A카페에 가면 타르트를 주문한다.
- 빙수를 주문하면 타르트를 주문하지 않는다.
- 타르트를 주문하면 아메리카노를 주문한다.

① 아메리카노를 주문하면 빙수를 주문하지 않는다.
② 빙수를 주문하지 않으면 A카페를 가지 않았다는 것이다.
③ 아메리카노를 주문하지 않으면 A카페를 가지 않았다는 것이다.
④ 타르트를 주문하지 않으면 빙수를 주문한다.

39

- 대구 기온은 서울 기온보다 높다.
- 서울 기온은 강릉 기온보다 낮다.

① 서울 기온이 가장 낮다.   ② 대구 기온이 가장 높다.
③ 강릉 기온이 가장 높다.   ④ 대구와 강릉의 기온은 같다.

40

- 민지의 가방은 진희의 가방보다 2kg 무겁다.
- 진희의 가방은 아름이의 가방보다 3kg 가볍다.

① 민지의 가방이 가장 무겁다.
② 아름이의 가방이 가장 무겁다.
③ 아름이의 가방이 가장 가볍다.
④ 민지와 아름이의 가방 무게는 서로 같다.

| 03 | 지각능력검사

※ 제시된 문자와 동일한 문자를 〈보기〉에서 찾아 고르시오(단, 가장 왼쪽 문자를 시작 지점으로 한다).
  [1~4]

> **보기**
>
> ✂   ✍ ✏   🔔   ☎   ✉   📂   ⧖

01

📂

① 4번째   ② 6번째
③ 7번째   ④ 8번째

02

☎

① 1번째   ② 2번째
③ 5번째   ④ 6번째

03

✍

① 2번째   ② 4번째
③ 6번째   ④ 8번째

04

✏

① 1번째   ② 3번째
③ 5번째   ④ 7번째

※ 제시된 문자와 동일한 문자를 〈보기〉에서 찾아 고르시오(단, 가장 왼쪽 문자를 시작 지점으로 한다).
   [5~8]

05

① 1번째   ② 2번째
③ 6번째   ④ 7번째

06

① 1번째   ② 2번째
③ 3번째   ④ 5번째

07

① 4번째   ② 6번째
③ 7번째   ④ 8번째

08

① 2번째   ② 3번째
③ 4번째   ④ 8번째

※ 제시된 문자와 동일한 문자를 〈보기〉에서 찾아 고르시오(단, 가장 왼쪽 문자를 시작 지점으로 한다).
   [9~12]

보기

(차)　㉖　(社)　(ㅁ)　⑩　(타)　(ㄱ)　(代)

09

(차)

① 1번째　　　　　　　　② 2번째
③ 4번째　　　　　　　　④ 6번째

10

㉖

① 2번째　　　　　　　　② 5번째
③ 7번째　　　　　　　　④ 8번째

11

(代)

① 4번째　　　　　　　　② 5번째
③ 7번째　　　　　　　　④ 8번째

12

(ㄱ)

① 5번째　　　　　　　　② 6번째
③ 7번째　　　　　　　　④ 8번째

※ 제시된 문자와 동일한 문자를 〈보기〉에서 찾아 고르시오(단, 가장 왼쪽 문자를 시작 지점으로 한다).
[13~16]

13

▤

① 1번째   ② 3번째

③ 5번째   ④ 7번째

14

① 3번째   ② 4번째

③ 5번째   ④ 6번째

15

① 2번째   ② 4번째

③ 6번째   ④ 8번째

16

① 1번째   ② 3번째

③ 7번째   ④ 8번째

※ 제시된 문자와 동일한 문자를 〈보기〉에서 찾아 고르시오(단, 가장 왼쪽 문자를 시작 지점으로 한다).
   [17~20]

보기

Γ   ℔   Ᵽ   N   ᴀ   Ɐ   ἱ   Ǝ

17

Ɐ

① 4번째   ② 5번째
③ 6번째   ④ 7번째

18

Ǝ

① 3번째   ② 4번째
③ 7번째   ④ 8번째

19

℔

① 2번째   ② 4번째
③ 5번째   ④ 7번째

20

Ᵽ

① 1번째   ② 2번째
③ 3번째   ④ 4번째

※ 다음 중 제시된 도형과 같은 것을 고르시오(단, 도형은 회전만 가능하다). [21~25]

21

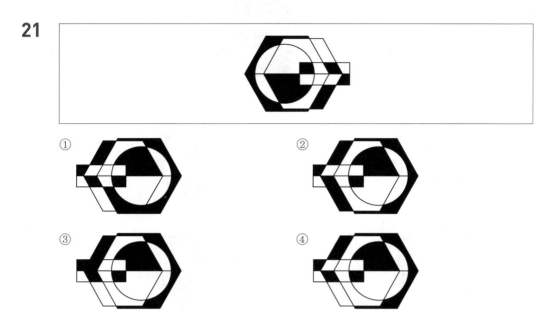

22

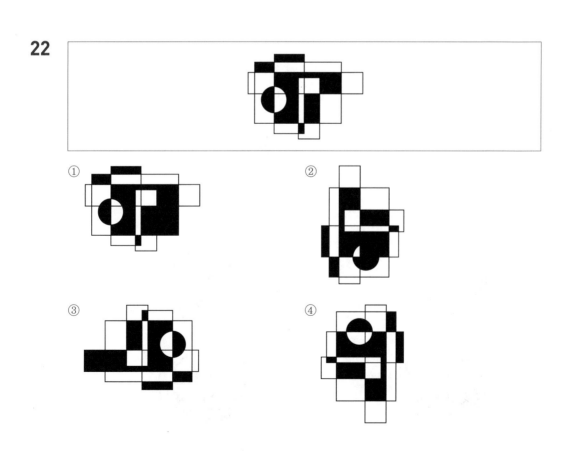

23

①

②

③

④

24

①

②

③

④

25

①

②

③

④

※ 다음 중 나머지 도형과 다른 것을 고르시오. [26~30]

26 ① 　②

③ 　④

27 ① 　②

③ 　④

28

① 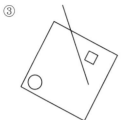 ②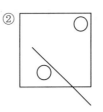

③ 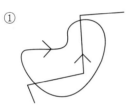 ④

29

①  ②

③ ④

30

① 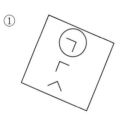 ②

③   ④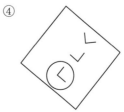

※ 다음과 같은 모양을 만드는 데 사용된 블록의 개수를 고르시오(단, 보이지 않는 곳의 블록은 있다고 가정한다). [31~40]

31

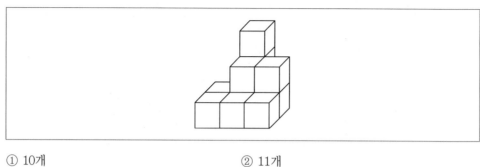

① 10개   ② 11개
③ 12개   ④ 13개

32

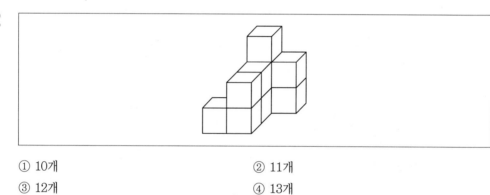

① 10개   ② 11개
③ 12개   ④ 13개

33

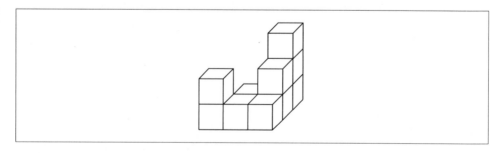

① 10개   ② 11개
③ 12개   ④ 13개

34

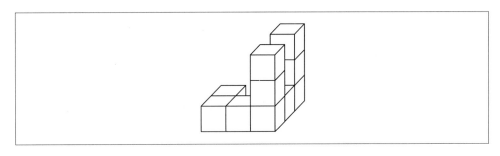

① 10개   ② 11개

③ 12개   ④ 13개

35

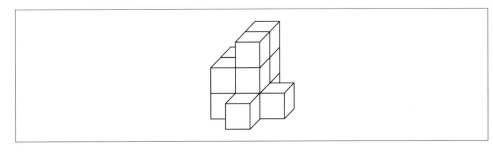

① 10개   ② 11개

③ 12개   ④ 13개

36

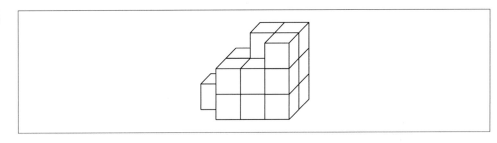

① 15개   ② 16개

③ 17개   ④ 18개

37

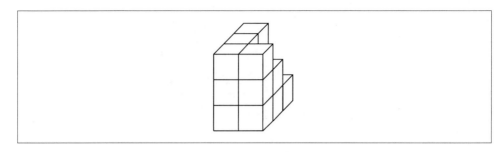

① 15개   ② 16개

③ 17개   ④ 18개

38

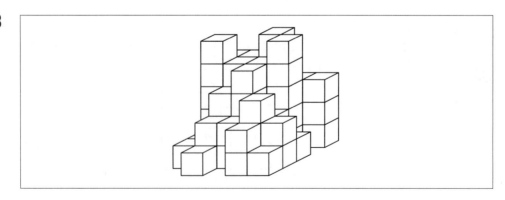

① 57개   ② 58개

③ 62개   ④ 60개

39

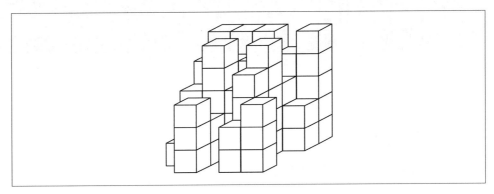

① 74개   ② 73개

③ 72개   ④ 71개

PART 2

40

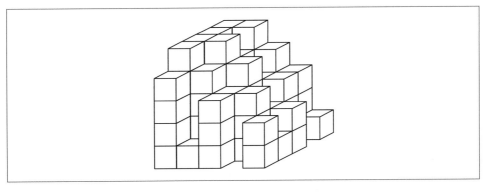

① 80개   ② 79개

③ 78개   ④ 77개

| 01 | 수리능력검사

※ 다음 식을 계산한 값으로 옳은 것을 고르시오. [1~20]

01

$$454+744 \div 62+77$$

① 343
② 443
③ 543
④ 643

02

$$214-675+811-302$$

① 48
② 49
③ 50
④ 51

03

$$2,464-563-23+334$$

① 2,212
② 2,312
③ 2,412
④ 2,512

04

$$871 \times 2 - 454 \times 3$$

① 350
② 360
③ 370
④ 380

05

$$125 \div 5 \times 15 + 25$$

① 300　　　　　　　　　② 350

③ 400　　　　　　　　　④ 450

06

$$757 - 241 + 453$$

① 969　　　　　　　　　② 869

③ 769　　　　　　　　　④ 696

07

$$368 \div 2 + 20 \times 42 - 424$$

① 300　　　　　　　　　② 400

③ 500　　　　　　　　　④ 600

08

$$278 + 245 + 357$$

① 850　　　　　　　　　② 860

③ 870　　　　　　　　　④ 880

09

$$154 \times 2 + 35 \times 4$$

① 438　　　　　　　　　② 448

③ 458　　　　　　　　　④ 468

10

$$457+55\times429\div33$$

① 1,142   ② 1,152

③ 1,162   ④ 1,172

11

$$34\times420\times27$$

① 275,460   ② 375,460

③ 385,460   ④ 385,560

12

$$653-234-67+112+236$$

① 700   ② 710

③ 720   ④ 730

13

$$8^2-4^3-2^2-3^2+9^2$$

① 62   ② 64

③ 66   ④ 68

14

$$3.432+2.121-0.878-1.271$$

① 3.204   ② 3.304

③ 3.404   ④ 3.504

15

$$(16+8\times7)\div4$$

① 16 ② 18
③ 20 ④ 22

16

$$79+55\times2+64$$

① 233 ② 243
③ 253 ④ 263

17

$$14.25+42.75+36.7$$

① 92.7 ② 93.7
③ 94.7 ④ 95.7

18

$$88.3+78\div4+3.2$$

① 111 ② 112
③ 113 ④ 114

19

$$255+476+347+107$$

① 1,085 ② 1,185
③ 1,285 ④ 1,385

20

$$12+24+46-68$$

① 11
② 12
③ 13
④ 14

21 농도 20%의 소금물 100g이 있다. 소금물 xg을 덜어내고, 덜어낸 양만큼의 소금을 첨가하였다. 거기에 농도 11%의 소금물 yg을 섞었더니 농도 26%의 소금물 300g이 되었다. 이때 $x+y$의 값은?

① 195
② 213
③ 235
④ 245

22 두 그릇 A, B에는 각각 농도 6%, 8%의 소금물 300g씩이 들어 있다. A그릇에서 소금물 100g을 퍼서 B그릇에 옮겨 담고, 다시 B그릇에서 소금물 80g을 퍼서 A그릇에 옮겨 담았다. 이때, A그릇에 들어있는 소금물의 농도는?(단, 소수점 둘째 자리에서 반올림한다)

① 5%
② 5.6%
③ 6%
④ 6.4%

23 놀이기구를 타기 위해 줄을 서 있는 사람들을 놀이기구에 5명씩 탑승시키면 12명이 남고, 6명씩 탑승시키면 놀이기구 하나에는 2명이 타게 되고 놀이기구 1개가 빈다고 한다. 이때 줄을 서 있는 사람의 수와 놀이기구의 개수의 합은?

① 112
② 122
③ 133
④ 144

24 1에서 10까지 적힌 숫자카드를 임의로 두 장을 동시에 뽑을 때, 뽑은 두 카드에 적힌 수의 곱이 홀수일 확률은?

① $\dfrac{5}{7}$
② $\dfrac{7}{8}$
③ $\dfrac{5}{9}$
④ $\dfrac{2}{9}$

25 A ~ C 세 사람은 주기적으로 집 청소를 한다. A는 6일마다, B는 8일마다, C는 9일마다 청소할 때, 세 명이 9월 10일에 모두 같이 청소를 했다면 다음에 같은 날 청소하는 날은 언제인가?

① 11월 5일　　　　　　　　　　　② 11월 12일
③ 11월 16일　　　　　　　　　　　④ 11월 21일

26 둘레가 600m인 연못을 A와 B가 서로 반대방향으로 걷는다. A는 분당 15m의 속력으로 걷고, B는 A보다 더 빠른 속력으로 걷는다. 두 사람이 같은 위치에서 동시에 출발하여, 1시간 후 5번째로 만났다면 B의 속력은?

① 20m/min　　　　　　　　　　　② 25m/min
③ 30m/min　　　　　　　　　　　④ 35m/min

27 A와 B는 1.2km 떨어진 직선거리의 양 끝에서부터 12분 동안 마주 보고 달려 한 지점에서 만났다. B는 A보다 1.5배가 빠르다고 할 때, A의 속도는?

① 28m/분　　　　　　　　　　　② 37m/분
③ 40m/분　　　　　　　　　　　④ 48m/분

28 어떤 자동차 경주장의 원형도로의 길이가 6km이다. 경주용 차 A가 시속 200km의 일정한 속도를 유지하며 돌고 있고 경주용 차 B는 더 빠른 속도로 달리고 있다. 경주용 차 A와 경주용 차 B가 동시에 출발한 후, 두 시간 만에 처음으로 같은 위치에 있게 된다면 경주용 차 B의 속도는 얼마인가?

① 201km/h　　　　　　　　　　　② 202km/h
③ 203km/h　　　　　　　　　　　④ 206km/h

29 아버지와 어머니의 나이 차는 4세이고 형과 동생의 나이 차는 2세이다. 또한, 아버지와 어머니의 나이의 합은 형의 나이보다 6배 많다고 한다. 형과 동생의 나이의 합이 40세라면 아버지의 나이는 몇 세인가?(단, 아버지가 어머니보다 나이가 더 많다)

① 59세　　　　　　　　　　　② 60세
③ 63세　　　　　　　　　　　④ 65세

PART 2

30 甲과 乙의 현재 연령 비는 2 : 1이고, 8년 후의 연령 비는 6 : 4가 된다고 한다. 甲과 乙의 현재 나이는 몇 살인가?

① 甲 16세, 乙 8세　　　　　　　② 甲 18세, 乙 9세

③ 甲 20세, 乙 10세　　　　　　　④ 甲 22세, 乙 11세

31 다음 투자안은 1년 투자만 가능하고 부분적으로는 투자가 불가능하다. 2,000원을 투자하는 경우 다음 중 수익이 극대화되는 투자방법은?(단, 투자하고 남는 금액의 수익률은 0%이다)

〈투자별 금액 및 수익률〉

투자안	투자금액	연 수익률
A	1,600원	11%
B	1,400원	10%
C	1,200원	9%
D	800원	7%
E	600원	5%

① A　　　　　　　　　　　　　　② B+E

③ C+D　　　　　　　　　　　　④ C+E

32 다음 표는 S시 A~C동에 있는 연도별 버스정류장 개수에 관한 자료이다. 빈칸에 들어갈 수치로 가장 적절한 것은?(단, 각 수치는 매년 일정한 규칙으로 변화한다)

〈연도별 버스정류장 개수 변화〉

(단위 : 개)

구분	A동	B동	C동
2016년	64	51	43
2017년	66	50	42
2018년	63	49	
2019년	69	53	36
2020년	61	58	39
2021년	70	57	31
2022년	62	52	44

① 24 ② 37

③ 46 ④ 69

33 다음은 S그룹의 주요 경영지표이다. 다음 중 자료에 대한 설명으로 옳은 것은?

〈경영지표〉

(단위 : 억 원)

구분	공정자산총액	부채총액	자본총액	자본금	매출액	당기순이익
2017년	2,610	1,658	952	464	1,139	170
2018년	2,794	1,727	1,067	481	2,178	227
2019년	5,383	4,000	1,383	660	2,666	108
2020년	5,200	4,073	1,127	700	4,456	−266
2021년	5,242	3,378	1,864	592	3,764	117
2022년	5,542	3,634	1,908	417	4,427	65

① 자본총액은 꾸준히 증가하고 있다.

② 직전 해의 당기순이익과 비교했을 때, 당기순이익이 가장 많이 증가한 해는 2018년이다.

③ 공정자산총액과 부채총액의 차가 가장 큰 해는 2022년이다.

④ 각 지표 중 총액 규모가 가장 큰 것은 매출액이다.

34 다음은 어느 해의 개최된 올림픽에 참가한 6개국의 성적이다. 이에 대한 설명으로 옳지 않은 것은?

〈국가별 올림픽 성적〉

(단위 : 명, 개)

국가	참가선수	금메달	은메달	동메달	메달 합계
A	240	4	28	57	89
B	261	2	35	68	105
C	323	0	41	108	149
D	274	1	37	74	112
E	248	3	32	64	99
F	229	5	19	60	84

① 획득한 금메달 수가 많은 국가일수록 은메달 수는 적었다.

② 금메달을 획득하지 못한 국가가 가장 많은 메달을 획득했다.

③ 참가선수의 수가 많은 국가일수록 획득한 동메달 수도 많았다.

④ 획득한 메달의 합계가 큰 국가일수록 참가선수의 수도 많았다.

35 다음은 S사의 모집단위별 지원자 수 및 합격자 수를 나타낸 자료이다. 이에 대한 설명으로 옳지 않은 것은?

〈모집단위별 지원자 수 및 합격자 수〉

(단위 : 명)

모집단위	남성		여성		합계	
	합격자 수	지원자 수	합격자 수	지원자 수	모집정원	지원자 수
A	512	825	89	108	601	933
B	353	560	17	25	370	585
C	138	417	131	375	269	792
합계	1,003	1,802	237	508	1,240	2,310

※ (경쟁률) = $\dfrac{(지원자 수)}{(모집정원)}$

① 세 개의 모집단위 중, 총 지원자 수가 가장 많은 집단은 A이다.

② 세 개의 모집단위 중, 합격자 수가 가장 적은 집단은 C이다.

③ S사의 남자 합격자 수는 여자 합격자 수의 5배 이상이다.

④ B집단의 경쟁률은 $\dfrac{117}{74}$ 이다.

36 다음은 자동차 생산·내수·수출 현황에 대한 자료이다. 자료를 보고 판단한 것 중 옳지 않은 것은?

〈자동차 생산·내수·수출 현황〉

(단위 : 대, %)

구분		2018년	2019년	2020년	2021년	2022년
생산	차량 대수	4,086,308	3,826,682	3,512,926	4,271,741	4,657,094
	증감률	(6.4)	(▽6.4)	(▽8.2)	(21.6)	(9.0)
내수	차량 대수	1,219,335	1,154,483	1,394,000	1,465,426	1,474,637
	증감률	(4.7)	(▽5.3)	(20.7)	(5.1)	(0.6)
수출	차량 대수	2,847,138	2,683,965	2,148,862	2,772,107	3,151,708
	증감률	(7.5)	(▽5.7)	(▽19.9)	(29.0)	(13.7)

① 2018년에는 전년 대비 생산, 내수, 수출이 모두 증가했다.

② 내수가 가장 큰 폭으로 증가한 해에는 생산과 수출이 모두 감소했다.

③ 수출이 증가했던 해는 생산과 내수 모두 증가했다.

④ 생산이 증가했지만 내수나 수출이 감소한 해가 있다.

37 다음은 업종별 쌀 소비량에 대한 자료이다. 2022년 쌀 소비량이 세 번째로 높은 업종의 2021년 대비 2022년 쌀 소비량 증감률을 구하면?(단, 소수점 첫째 자리에서 반올림한다)

〈업종별 쌀 소비량〉

(단위 : 톤)

구분	전분제품 및 당류 제조업	떡류 제조업	코코아제품 및 과자류	면류 및 마카로니	도시락 및 식사용 조리식품	탁주 및 약주 제조업
2020년	12,856	188,248	7,074	9,859	98,369	47,259
2021년	12,956	170,980	7,194	11,115	96,411	46,403
2022년	12,294	169,618	9,033	9,938	100,247	51,592

① 9%

② 10%

③ 11%

④ 13%

※ 다음은 초등학교 고학년의 도서 선호 분야를 설문조사한 자료이다. 다음 표를 보고 이어지는 질문에 답하시오. [38~39]

〈초등학교 고학년 도서 선호 분야〉

(단위 : %)

구분		사례 수(명)	소설	역사	동화	과학	예술	철학	기타
전체		926	19.7	10.4	9.1	6.9	2.7	2.6	48.6
학년	4학년	305	13.2	8.6	12.0	9.3	2.4	2.1	52.4
	5학년	302	20.6	12.7	8.0	6.6	3.1	2.8	46.2
	6학년	319	25.1	10.0	7.4	5.0	2.7	3.1	46.7

※ 비율은 소수점 둘째 자리에서 반올림한 값이다.

38 고학년 전체 학생 중에서 동화를 선호하는 4 ~ 5학년 학생의 비율은 얼마인가?(단, 비율은 소수점 둘째 자리에서 반올림한다)

① 4.4% ② 5.5%

③ 6.6% ④ 7.7%

39 다음 중 학년이 올라갈수록 도서 선호 분야 비율이 커지는 분야는 무엇인가?(단, 기타 분야는 제외한다)

① 소설, 철학 ② 소설, 과학

③ 예술, 철학 ④ 역사, 철학

40 다음은 인구성장률 추이에 관한 그래프이다. 이에 대한 설명으로 옳은 것은?

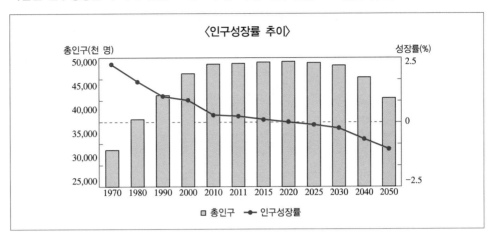

① 인구성장률은 2025년에 잠시 성장하다가 다시 감소할 것이다.

② 2011년부터 총인구는 감소할 것이다.

③ 2000 ~ 2010년보다 2025 ~ 2030년 사이의 인구 증감폭이 더 작을 것이다.

④ 총인구는 2000년부터 계속해서 감소하는 모습을 보이고 있다.

※ 다음 〈조건〉을 보고 ?에 들어갈 문자를 고르시오. [1~2]

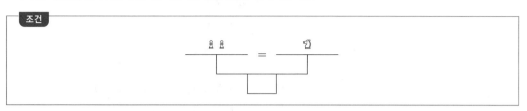

01

① ♙♙♙♘
② ♘♘♖♙
③ ♖♖♙
④ ♖♘♞

02

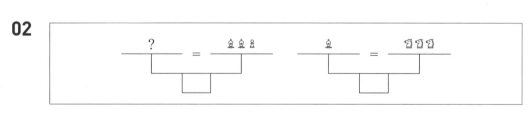

① ♙♙♙♙♙♙♙♙♙♙
② ♗♘♘♘
③ ♘♘♘♘♘♙
④ ♘♘♘♘♙♙♙

※ 다음 〈조건〉을 보고 ?에 들어갈 문자를 고르시오. [3~4]

조건

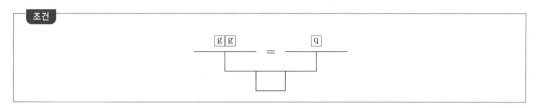

03

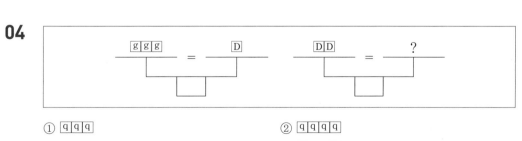

① g g g q q q

② q q q q g g g

③ g g g g g q q

④ g g g g q q q

04

① q q q

② q q q q

③ q q g g g

④ q q q g g

※ 다음 〈조건〉을 보고 ?에 들어갈 문자를 고르시오. [5~6]

조건

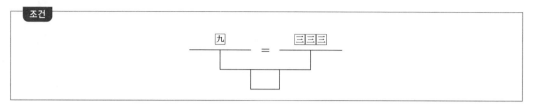

05

九九 = 파   파三 = ?

① 三三三三三
② 九三三三三
③ 九九九
④ 九九三三

06

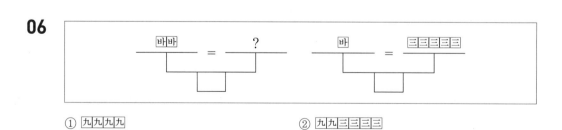

① 九九九九
② 九九三三三三
③ 九三三三三三
④ 三三三三三三三三

※ 다음 〈조건〉을 보고 ?에 들어갈 문자를 고르시오. [7~8]

조건

07

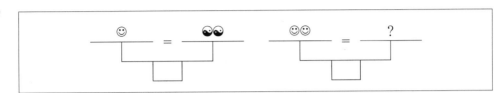

①

②

③

④

08

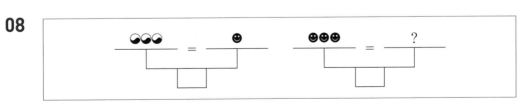

①

②

③

④

※ 다음 〈조건〉을 보고 ?에 들어갈 문자를 고르시오. [9~10]

조건

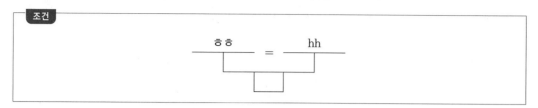

09

mm = ?   ㅎㅎ = m

① ㅎㅎhhh
② mㅎㅎㅎ
③ mhhh
④ ㅎㅎhh

10

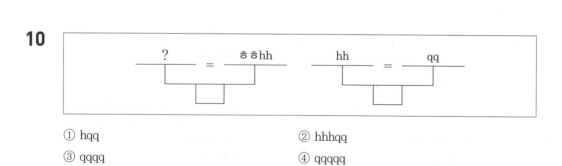

① hqq
② hhhqq
③ qqqq
④ qqqqq

※ 다음 〈조건〉을 보고 ?에 들어갈 문자를 고르시오. [11~12]

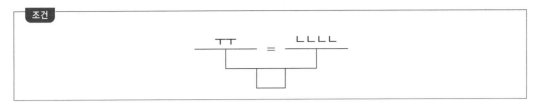

11

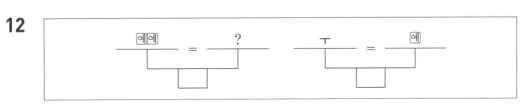

① ㅜㅜ

② ㅜㅜㅜ

③ ㅜㄴㄴㄴ

④ ㅜㅜㄴㄴ

12

① ㄴㄴㄴ

② ㅜㄴㄴ

③ ㄴㄴㄴㄴㄴ

④ ㅜㄴㄴㄴ

※ 다음 〈조건〉을 보고 ?에 들어갈 문자를 고르시오. [13~14]

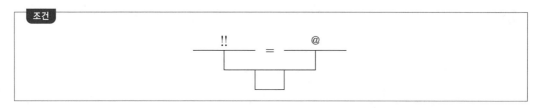

13

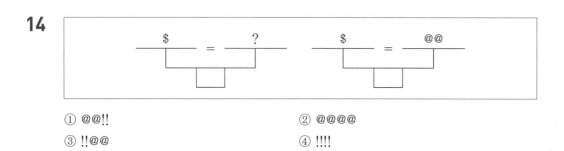

① !!@@
② !!##
③ @@##
④ !!!!

14

① @@!!
② @@@@
③ !!@@
④ !!!!

※ 다음 〈조건〉을 보고 ?에 들어갈 문자를 고르시오. [15~16]

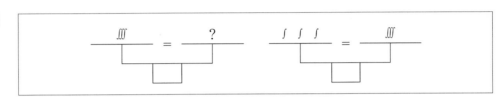

15

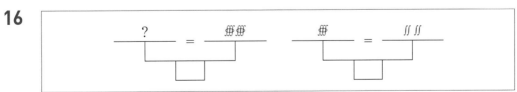

① ∬

② ∬ ∬

③ ∫ ∬

④ ∫ ∫ ∬

16

① ∫ ∫ ∫

② ∫ ∫ ∫ ∫

③ ∫ ∫ ∬ ∬

④ ∫ ∫ ∫ ∫ ∫ ∫

※ 다음 〈조건〉을 보고 ?에 들어갈 문자를 고르시오. [17~18]

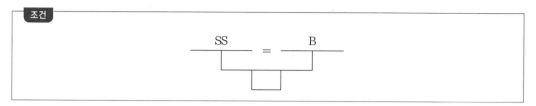

17

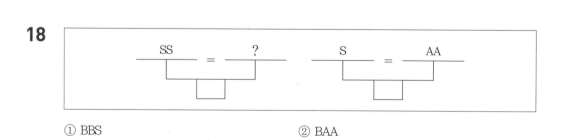

① SSB   ② SBS

③ SSBB   ④ SSS

18

① BBS   ② BAA

③ SAA   ④ AAA

※ 다음 〈조건〉을 보고 ?에 들어갈 문자를 고르시오. [19~20]

19

야야 = 겨   ? = 겨

① 야   ② 가야
③ 가가가   ④ 가가가가

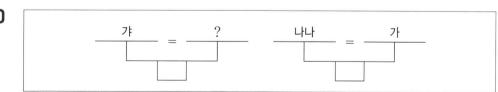

20

야 = ?   나나 = 가

① 가나   ② 나나
③ 가가나나   ④ 나나나나

※ 제시문 A를 읽고, 제시문 B가 참인지 거짓인지 혹은 알 수 없는지 고르시오. [21~25]

21

[제시문 A]
• 만일 내일 비가 온다면 소풍을 가지 않는다.
• 뉴스에서는 내일 비가 온다고 하였다.

[제시문 B]
내일 학교를 갈 것이다.

① 참   ② 거짓   ③ 알 수 없음

22

[제시문 A]
• 철수는 자전거보다 오토바이를 더 좋아한다.
• 철수는 오토바이보다 자동차를 더 좋아한다.
• 철수는 대중교통을 가장 좋아한다.

[제시문 B]
철수는 자동차를 두 번째로 좋아한다.

① 참   ② 거짓   ③ 알 수 없음

23

[제시문 A]
• A ~ D를 대상으로 시력을 검사하였다. 이 때 시력이 서로 동일한 사람은 존재하지 않는다.
• A의 시력은 C와 D보다 낮다.
• D의 시력은 A와 B보다 높다.

[제시문 B]
4명 중 D의 시력이 가장 높다.

① 참   ② 거짓   ③ 알 수 없음

24

[제시문 A]
• 다리가 아픈 모든 사람은 계단을 빨리 오르지 못한다.
• 계단을 빨리 오르지 못하는 모든 사람은 평소에 운동을 하지 않는 사람이다.

[제시문 B]
평소에 운동을 하는 사람은 다리가 아프지 않다.

① 참   ② 거짓   ③ 알 수 없음

25

[제시문 A]
• 노화가 오면 귀가 잘 들리지 않는다.
• 귀가 잘 안 들리면 큰 소리로 이야기한다.

[제시문 B]
큰 소리로 이야기하는 사람은 노화가 온 사람이다.

① 참   ② 거짓   ③ 알 수 없음

※ 다음 제시문을 읽고 각 문제가 항상 참이면 ①, 거짓이면 ②, 알 수 없으면 ③을 고르시오. [26~27]

- S회사의 건물은 5층 건물이고 A ~ E의 5개의 부서가 있으며, 각 부서는 한 층에 한 개씩 위치하고 있다.
- A부서는 1층과 5층에 위치하고 있지 않다.
- B부서와 D부서는 인접하고 있다.
- A부서와 E부서 사이에 C부서가 위치하고 있다.
- A부서와 D부서는 인접하고 있지 않다.

26 B부서는 A부서보다 아래층에 있다.

① 참 ② 거짓 ③ 알 수 없음

27 A부서는 3층에 있다.

① 참 ② 거짓 ③ 알 수 없음

※ 다음 제시문을 읽고 각 문제가 항상 참이면 ①, 거짓이면 ②, 알 수 없으면 ③을 고르시오. [28~30]

- 심폐기능은 1등급부터 5등급까지 있고, A ~ E 5명 중 등급이 같은 환자는 없다.
- E보다 심폐기능이 좋은 환자는 2명 이상이다.
- E는 C보다 한 등급 높고, B는 D보다 한 등급 높다.
- A보다 심폐기능이 나쁜 환자는 2명이다.

28 C는 4등급이다.

① 참 ② 거짓 ③ 알 수 없음

29 B는 1등급이다.

① 참 ② 거짓 ③ 알 수 없음

30 D보다 심폐기능이 좋은 환자는 2명이다.

① 참 ② 거짓 ③ 알 수 없음

※ 다음 명제가 모두 참일 때, 반드시 참인 명제를 고르시오. [31~40]

31

> • 모든 1과 사원은 가장 실적이 많은 2과 사원보다 실적이 많다.
> • 가장 실적이 많은 4과 사원은 모든 3과 사원보다 실적이 적다.
> • 3과 사원 중 일부는 가장 실적이 많은 2과 사원보다 실적이 적다.

① 1과 사원 중 가장 적은 실적을 올린 사원과 같은 실적을 올린 사원이 4과에 있다.
② 3과 사원 중 가장 적은 실적을 올린 사원과 같은 실적을 올린 사원이 4과에 있다.
③ 모든 2과 사원은 4과 사원 중 일부보다 실적이 적다.
④ 어떤 3과 사원은 가장 실적이 적은 1과 사원보다 실적이 적다.

32

> • 연필을 좋아하는 사람은 지우개를 좋아한다.
> • 볼펜을 좋아하는 사람은 수정테이프를 좋아한다.
> • 지우개를 좋아하는 사람은 샤프를 좋아한다.
> • 성준이는 볼펜을 좋아한다.

① 볼펜을 좋아하는 사람은 연필을 좋아한다.
② 지우개를 좋아하는 사람은 볼펜을 좋아한다.
③ 성준이는 수정테이프를 좋아한다.
④ 연필을 좋아하는 사람은 수정테이프를 좋아한다.

33

> • 모든 S대학교 학생은 영어 또는 작문 수업을 듣는다.
> • 어떤 S대학교 학생은 중국어 수업을 듣는다.

① 어떤 S대학교 학생은 영어 수업을 듣는다.
② 어떤 S대학교 학생은 영어와 작문 수업을 듣는다.
③ 어떤 S대학교 학생은 중국어 수업을 듣고 영어 수업을 듣지 않는다.
④ 어떤 S대학교 학생은 중국어와 영어 또는 중국어와 작문 수업을 듣는다.

34

> • 손이 고우면 마음이 예쁘다.
> • 손이 곱지 않으면 키가 크다.

① 키가 크지 않으면 마음이 예쁘다.
② 마음이 예쁘면 손이 곱다.
③ 키가 크면 손이 곱지 않다.
④ 손이 고우면 키가 크다.

35

> • 영서, 연수, 수희, 주림 4명은 서로의 키를 비교해보았다.
> • 영서는 연수보다 크다.
> • 연수는 수희보다 작다.
> • 주림이는 가장 작지는 않지만, 수희보다는 작다.
> • 수희는 두 번째로 크다.
> • 키가 같은 사람은 아무도 없다.

① 수희가 제일 크다.
② 연수가 세 번째로 크다.
③ 연수는 주림이보다 크다.
④ 연수가 가장 작다.

36

> • 서울에 있는 어떤 공원은 사람이 많지 않다.
> • 분위기가 있지 않으면 사람이 많지 않다.
> • 모든 공원은 분위기가 있다.

① 분위기가 있지 않은 서울의 모든 공원은 사람이 많다.
② 분위기가 있는 서울의 어떤 공원은 사람이 많지 않다.
③ 분위기가 있는 서울의 모든 공원은 사람이 많지 않다.
④ 분위기가 있지 않은 서울의 어떤 공원은 사람이 많지 않다.

37

- 클래식을 좋아하는 사람은 고전을 좋아한다.
- 사진을 좋아하는 사람은 운동을 좋아한다.
- 고전을 좋아하지 않는 사람은 운동을 좋아하지 않는다.

① 클래식을 좋아하지 않는 사람은 운동을 좋아한다.
② 고전을 좋아하는 사람은 운동을 좋아하지 않는다.
③ 운동을 좋아하는 사람은 클래식을 좋아하지 않는다.
④ 사진을 좋아하는 사람은 고전을 좋아한다.

38

- 컴퓨터를 잘하는 사람은 사탕을 좋아한다.
- 커피를 좋아하는 사람은 책을 좋아한다.
- 수학을 잘하는 사람은 컴퓨터를 잘한다.

① 사탕을 좋아하는 사람은 수학을 못한다.
② 컴퓨터를 잘하는 사람은 커피를 좋아한다.
③ 책을 좋아하는 사람은 모두 커피를 좋아한다.
④ 수학을 잘하는 사람은 사탕을 좋아한다.

39

- 사탕을 좋아하는 사람은 밥을 좋아한다.
- 초밥을 좋아하는 사람은 짬뽕을 좋아한다.
- 밥을 좋아하지 않는 사람은 짬뽕을 좋아하지 않는다.

① 사탕을 좋아하지 않는 사람은 짬뽕을 좋아한다.
② 밥을 좋아하는 사람은 짬뽕을 좋아하지 않는다.
③ 짬뽕을 좋아하는 사람은 사탕을 좋아하지 않는다.
④ 초밥을 좋아하는 사람은 밥을 좋아한다.

40

- 모든 철학자는 천재이고, 모든 천재는 공처가다.
- 모든 조개는 공처가이고, 모든 공처가는 거북이다.

① 모든 거북이는 천재다.
② 모든 공처가는 천재다.
③ 모든 조개는 거북이다.
④ 어떤 철학자는 거북이가 아니다.

※ 제시된 문자와 동일한 문자를 〈보기〉에서 찾아 고르시오(단, 가장 왼쪽 문자를 시작 지점으로 한다).
   [1~4]

보기

♣　♠　◈　◐　▥　▲　♀　▱

01

▱

① 5번째　　　　　　　　　② 6번째
③ 7번째　　　　　　　　　④ 8번째

02

▥

① 2번째　　　　　　　　　② 3번째
③ 4번째　　　　　　　　　④ 5번째

03

◈

① 1번째　　　　　　　　　② 3번째
③ 5번째　　　　　　　　　④ 6번째

04

◐

① 2번째　　　　　　　　　② 4번째
③ 6번째　　　　　　　　　④ 8번째

※ 제시된 문자와 동일한 문자를 〈보기〉에서 찾아 고르시오(단, 가장 왼쪽 문자를 시작 지점으로 한다).
[5~8]

보기

$$℉ \quad \supseteq \quad \mathbb{R} \quad § \quad \Sigma \quad \Omega \quad \mho \quad ≒$$

05

Ω

① 5번째   ② 6번째
③ 7번째   ④ 8번째

06

$\mathbb{R}$

① 1번째   ② 2번째
③ 3번째   ④ 4번째

07

$\mho$

① 4번째   ② 5번째
③ 7번째   ④ 8번째

08

$℉$

① 1번째   ② 2번째
③ 5번째   ④ 6번째

※ 제시된 문자와 동일한 문자를 〈보기〉에서 찾아 고르시오(단, 가장 왼쪽 문자를 시작 지점으로 한다).
   [9~12]

보기

— ⌐ ㄴ ⊥ ㄱ ㅏ ㄱ ㄷ

09

⊥

① 1번째   ② 2번째
③ 3번째   ④ 4번째

10

ㄱ

① 5번째   ② 6번째
③ 7번째   ④ 8번째

11

ㄱ

① 2번째   ② 4번째
③ 5번째   ④ 7번째

12

⌐

① 2번째   ② 3번째
③ 6번째   ④ 7번째

※ 제시된 문자와 동일한 문자를 〈보기〉에서 찾아 고르시오(단, 가장 왼쪽 문자를 시작 지점으로 한다).
  [13~16]

보기

Ⓜ   ㅎ   Ⓦ   七   ⓙ   ⑤   ㄹ   ⋒

13
⑤

① 2번째   ② 3번째
③ 6번째   ④ 7번째

14
ⓙ

① 2번째   ② 3번째
③ 4번째   ④ 5번째

15
ㄹ

① 5번째   ② 6번째
③ 7번째   ④ 8번째

16
Ⓜ

① 1번째   ② 4번째
③ 6번째   ④ 8번째

※ 제시된 문자와 동일한 문자를 〈보기〉에서 찾아 고르시오(단, 가장 왼쪽 문자를 시작 지점으로 한다).
[17~20]

Й   Œ   Ω   в   dB   ы   Ʊ   Д

17

в

① 4번째   ② 5번째
③ 6번째   ④ 7번째

18

Й

① 1번째   ② 5번째
③ 7번째   ④ 8번째

19

Д

① 3번째   ② 4번째
③ 7번째   ④ 8번째

20

ы

① 2번째   ② 4번째
③ 5번째   ④ 6번째

※ 다음 중 제시된 도형과 같은 것을 고르시오(단, 도형은 회전만 가능하다). [21~25]

21

①

②

③

④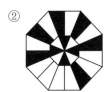

22

①

②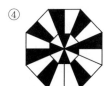

③

④

23

①    ②

③    ④

24

① ②

③ ④

25

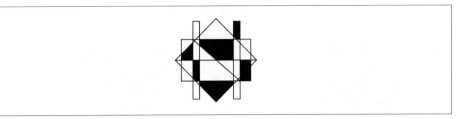

①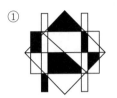

②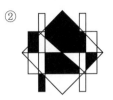

③

④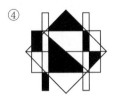

※ 다음 중 나머지 도형과 다른 것을 고르시오. [26~30]

26

①

②

③

④

27

①

②

③

④

28

①

②

③

④

29

①  ②

③  ④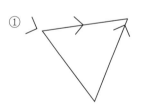

30 ①  ②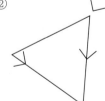

③ 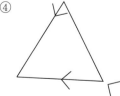 ④

※ 다음과 같은 모양을 만드는 데 사용된 블록의 개수를 고르시오(단, 보이지 않는 곳의 블록은 있다고 가정한다). [31~40]

31

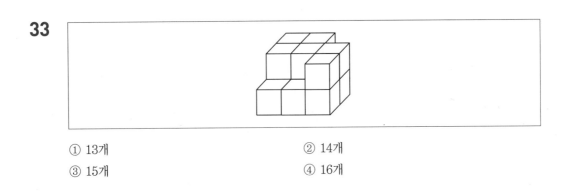

① 8개   ② 9개

③ 10개   ④ 11개

32

① 10개   ② 11개

③ 12개   ④ 13개

33

① 13개   ② 14개

③ 15개   ④ 16개

34

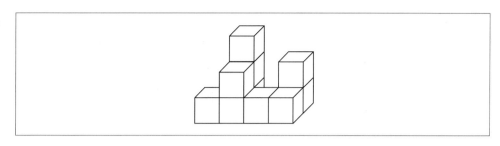

① 10개   ② 11개

③ 12개   ④ 13개

35

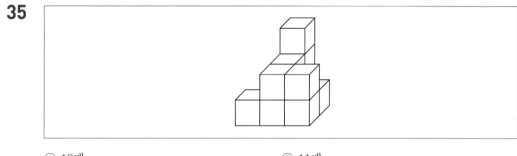

① 10개   ② 11개

③ 12개   ④ 13개

36

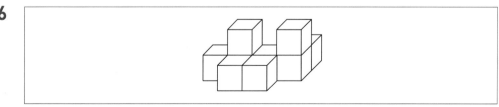

① 8개   ② 9개

③ 10개   ④ 11개

37

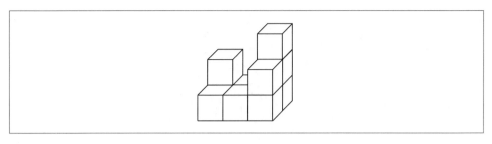

① 10개   ② 11개

③ 12개   ④ 13개

38

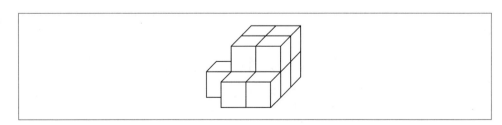

① 10개   ② 11개

③ 12개   ④ 13개

39

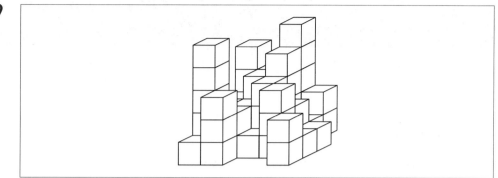

① 54개   ② 53개

③ 52개   ④ 51개

40

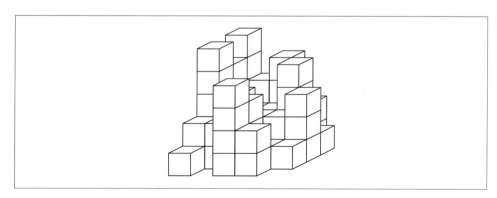

① 57개   ② 58개

③ 59개   ④ 60개

| 01 | 수리능력검사

※ 다음 식을 계산한 값으로 옳은 것을 고르시오. [1~20]

01

$$10^3 - 487 - 8^2$$

① 439　　　　　　　② 449
③ 459　　　　　　　④ 469

02

$$2,412 + 1,001 - 3,412$$

① 4　　　　　　　② 3
③ 2　　　　　　　④ 1

03

$$23 \times 6 + 67 \times 11 - 12 \times 55$$

① 185　　　　　　　② 195
③ 205　　　　　　　④ 215

04

$$9^2 - 7^2 + 5^2 - 3^2$$

① 48　　　　　　　② 58
③ 68　　　　　　　④ 78

05

$$574-121+143\div11$$

① 456   ② 466
③ 476   ④ 489

06

$$777-666+555-444$$

① 212   ② 222
③ 232   ④ 242

07

$$2^3+6^2+24$$

① 68   ② 66
③ 64   ④ 62

08

$$79,712-32,314+12,454$$

① 59,552   ② 59,652
③ 59,752   ④ 59,852

09

$$13,440\div24\times2+80$$

① 1,050   ② 1,100
③ 1,150   ④ 1,200

10

$$7^2+5^2+7\times 10$$

① 144　　　　　　　　　　② 154
③ 164　　　　　　　　　　④ 174

11

$$0.8213+1.8124-2.4424$$

① 0.1913　　　　　　　　② 0.1923
③ 0.1933　　　　　　　　④ 0.1943

12

$$67+7,965\div 45+134$$

① 378　　　　　　　　　　② 388
③ 398　　　　　　　　　　④ 408

13

$$34\div 2+34\div 4$$

① 24.0　　　　　　　　　② 24.5
③ 25.0　　　　　　　　　④ 25.5

14

$$210\div 3\times 2^2+900\div 3^2$$

① 350　　　　　　　　　　② 360
③ 370　　　　　　　　　　④ 380

15

$$5^2+3^3-2^2+6^2-9^2$$

① 1　　　　　　　　　　② 2
③ 3　　　　　　　　　　④ 4

16

$$54\times3-113+5\times143$$

① 754　　　　　　　　　② 764
③ 774　　　　　　　　　④ 784

17

$$6,788\div4+2,847$$

① 4,534　　　　　　　　② 4,544
③ 4,554　　　　　　　　④ 4,564

18

$$45\div5-63\div9$$

① 2　　　　　　　　　　② 3
③ 4　　　　　　　　　　④ 5

19

$$0.215\times2\times2^2$$

① 1.42　　　　　　　　　② 1.52
③ 1.62　　　　　　　　　④ 1.72

20

$$2,312+564-64\times54+600$$

① 20 ② 30
③ 40 ④ 50

21 A산악회는 이번 주말에 일정 수의 인원으로 조를 짜서 등산을 하려고 한다. 12명씩 조를 구성할 경우 4명이 남고, 10명씩 조를 구상할 경우 6명이 남는다면 A산악회 회원은 최소 몇 명인가?(단, A산악회 회원 수는 20명 이상이다)

① 132명 ② 126명
③ 96명 ④ 76명

22 등산 동아리 회원들은 경주로 놀러가기 위해 숙소를 예약하였다. 방 하나에 회원을 6명씩 배정하면 12명이 남으며, 7명씩 배정하면 한 개의 방에는 6명이 배정되고 2개의 방이 남는다. 이때 등산 동아리에서 예약한 방은 총 몇 개인가?

① 25개 ② 26개
③ 27개 ④ 28개

23 S사는 대표 화장품인 T제품의 병 디자인을 새로 만들어 홍보하려 한다. 새로 만든 화장품 병은 1.8L에 80%를 채울 예정이며, 예전의 화장품 병은 2.0L에 75%를 채워 판매하였다. S사에서 예전 2.0L 병에 48병을 채울 수 있는 양을 새로운 병에 넣으려고 할 때, 새로운 1.8L 병은 몇 병이 필요한가?

① 50병 ② 52병
③ 54병 ④ 56병

24 빨간 공 4개, 하얀 공 6개가 들어있는 주머니에서 한 번에 2개를 꺼낼 때, 적어도 1개는 하얀 공을 꺼낼 확률은?

① $\dfrac{9}{15}$

② $\dfrac{1}{4}$

③ $\dfrac{5}{12}$

④ $\dfrac{13}{15}$

25 주머니 A, B가 있는데 A주머니에는 흰 공 3개, 검은 공 2개가 들어있고, B주머니에는 흰 공 1개, 검은 공 4개가 들어있다. 주머니에서 한 개의 공을 꺼낼 때, 검은 공을 뽑을 확률은?

① $\dfrac{3}{10}$

② $\dfrac{2}{5}$

③ $\dfrac{1}{2}$

④ $\dfrac{3}{5}$

26 어느 오리농장은 오리를 방목 사육하고 있고 개를 풀어 오리를 지키고 있다고 한다. 오리와 개의 다리 수의 합이 72이고 오리와 개의 수의 합이 33일 때, 오리와 개는 각각 몇 마리인가?

	오리	개
①	30마리	3마리
②	28마리	5마리
③	26마리	7마리
④	24마리	9마리

27 P사원은 지하철을 타고 출근한다. 속력이 60km/h인 지하철에 이상이 생겨 평소 속력의 0.4배로 운행하게 되었다. 지하철이 평소보다 45분 늦게 도착하였다면, P사원이 출발하는 역부터 도착하는 역까지 지하철의 이동거리는 얼마인가?

① 20km

② 25km

③ 30km

④ 35km

28 등산을 하는데 올라갈 때는 시속 3km로 걷고, 내려올 때는 올라갈 때보다 5km 더 먼 길을 시속 4km로 걷는다. 올라갔다가 내려올 때 총 3시간이 걸렸다면, 올라갈 때 걸은 거리는 몇 km인가?

① 3km
② 4km
③ 5km
④ 6km

29 딸의 나이를 8로 나누면 나머지가 없고, 5로 나누면 나머지가 3이다. 아버지는 딸의 나이 십의 자리 수와 일의 자리 수를 바꾼 나이와 같을 때 아버지와 딸의 나이 차는 몇 살인가?(단, 딸은 30살 이상 50살 미만이다)

① 30살
② 33살
③ 36살
④ 39살

30 12세인 철민이는 2살 위인 누나와 여동생이 있다. 아버지의 나이는 철민이, 누나, 여동생 나이 합의 2배이다. 아버지와 철민이의 나이 차이가 여동생 나이의 10배와 같다고 할 때, 여동생의 나이는 몇 세인가?

① 5세
② 6세
③ 8세
④ 9세

31 다음은 2018 ~ 2022년의 한부모 및 미혼모·부 가구 수를 조사한 자료이다. 이에 대한 설명으로 옳지 않은 것은?

〈2018 ~ 2022년 한부모 및 미혼모·부 가구 수〉

(단위 : 천 명)

구분		2018년	2019년	2020년	2021년	2022년
한부모 가구	모자가구	1,600	2,000	2,500	3,600	4,500
	부자가구	300	340	480	810	990
미혼모·부 가구	미혼모 가구	80	68	55	72	80
	미혼부 가구	28	17	22	27	30

① 한부모 가구 중 모자가구 수는 2019 ~ 2022년까지 2021년을 제외하고 매년 1.25배씩 증가한다.
② 한부모 가구에서 부자가구가 모자가구 수의 20%를 초과한 연도는 2021년과 2022년이다.
③ 2021년 미혼모 가구 수는 모자가구 수의 2%이다.
④ 2019 ~ 2022년 전년대비 미혼모 가구와 미혼부 가구 수의 증감추이가 바뀌는 연도는 동일하다.

32 다음은 2022년도 성인의 독서프로그램 정보 획득 경로에 관한 자료이다. 관공서, 도서관 등의 안내에 따라 독서프로그램 정보를 획득한 여성 수 대비 스스로 탐색하여 독서프로그램 정보를 획득한 남성 수의 비율로 옳은 것은?(단, 인원은 소수점 첫째 자리에서, 비율은 소수점 둘째 자리에서 반올림한다)

〈성인의 독서프로그램 정보 획득 경로〉

(단위 : %)

성별	남성	여성
사례 수(명)	137	181
지인	23.4	20.1
스스로 탐색	22.0	27.6
소속단체에서의 권장	28.8	23.0
관공서, 도서관 등의 안내	22.8	20.5
인터넷, 동호회, SNS	3.0	6.4
기타	0	2.4

① 72.6% ② 75.5%

③ 79.8% ④ 81.1%

33 다음은 각종 범죄 발생건수 및 체포건수에 대한 자료이다. 2019년과 2018년의 발생건수 대비 체포건수의 비율의 차는?(단, 비율 계산 시 소수점 셋째 자리에서 반올림한다)

〈범죄 발생건수 및 체포건수〉

(단위 : 건)

구분	2016년	2017년	2018년	2019년	2020년
발생건수	4,064	7,457	13,321	19,513	21,689
체포건수	2,978	5,961	6,989	16,452	5,382

① 31.81%p ② 31.82%p

③ 31.83%p ④ 31.84%p

34 다음은 성별 국민연금 가입자 현황에 대한 자료이다. 이에 대한 설명으로 옳은 것은?

〈성별 국민연금 가입자 수〉

(단위 : 명)

구분	사업장가입자	지역가입자	임의가입자	임의계속가입자	합계
남자	8,059,994	3,861,478	50,353	166,499	12,138,324
여자	5,775,011	3,448,700	284,127	296,644	9,804,482
합계	13,835,005	7,310,178	334,480	463,143	21,942,806

① 남자 사업장가입자 수는 남자 지역가입자 수의 2배 미만이다.
② 여자 사업장가입자 수는 이를 제외한 항목의 여자 가입자 수를 모두 합친 것보다 적다.
③ 전체 지역가입자 수는 전체 사업장가입자 수의 50% 미만이다.
④ 전체 가입자 중 여자 가입자 수의 비율은 40% 이상이다.

35 다음은 S사 직원들의 평균보수에 관한 자료이다. 이에 대한 설명으로 옳지 않은 것은?

〈직원 평균보수 현황〉

(단위 : 천 원)

구분	2016년 결산	2017년 결산	2018년 결산	2019년 결산	2020년 예산
기본급	31,652	31,763	32,014	34,352	34,971
고정수당	13,868	13,434	12,864	12,068	12,285
실적수당	2,271	2,220	2,250	2,129	2,168
복리후생비	946	1,056	985	1,008	1,027
성과급	733	1,264	1,117	862	0
기타 상여금	5,935	5,985	6,979	5,795	5,898
1인당 평균 보수액	55,405	55,722	56,209	56,214	56,349

① 2017년부터 2019년까지 기본급은 전년도 대비 계속 증가했다.
② 기타 상여금이 가장 높은 해의 1인당 평균 보수액은 복리후생비의 50배 이상이다.
③ 2016 ~ 2019년 동안 고정수당의 증감 추이와 같은 항목은 없다.
④ 1인당 평균 보수액에서 성과급이 차지하는 비중은 2017년이 2019년보다 낮다.

36 다음은 S제철소에서 생산한 철강의 출하량을 분야별로 기록한 자료이다. 2020년도에 세 번째로 많은 생산을 했던 분야에서 2018년 대비 2019년의 변화율을 바르게 설명한 것은?

〈S제철소 철강 출하량〉

(단위 : 천 톤)

구분	자동차	선박	토목 / 건설	일반기계	기타
2018년	5,230	3,210	6,720	4,370	3,280
2019년	6,140	2,390	5,370	4,020	4,590
2020년	7,570	2,450	6,350	5,730	4,650

① 약 10% 증가하였다.

② 약 10% 감소하였다.

③ 약 8% 증가하였다.

④ 약 8% 감소하였다.

37 다음은 A신도시 쓰레기 처리 관련 통계 자료이다. 이에 대한 설명으로 옳지 않은 것은?

〈A신도시 쓰레기 처리 관련 통계〉

구분	2017년	2018년	2019년	2020년
1kg 쓰레기 종량제 봉투 가격	100원	200원	300원	400원
쓰레기 1kg당 처리비용	400원	400원	400원	400원
A신도시 쓰레기 발생량	5,013톤	4,521톤	4,209톤	4,007톤
A신도시 쓰레기 관련 예산 적자	15억 원	9억 원	4억 원	0원

① 쓰레기 종량제 봉투 가격이 100원이었던 2017년에 비해 400원이 된 2020년에는 쓰레기 발생량이 약 20%나 감소하였고 쓰레기 관련 예산 적자는 0원이 되었다.

② 연간 쓰레기 발생량 감소곡선보다 쓰레기 종량제 봉투 가격의 인상곡선이 더 가파르다.

③ 쓰레기 1kg당 처리비용이 인상될수록 A신도시의 쓰레기 발생량과 쓰레기 관련 예산 적자가 급격히 감소하는 것을 볼 수 있다.

④ 봉투 가격이 인상됨으로써 주민들은 비용에 부담을 느끼고 쓰레기 배출을 줄였다.

※ 다음은 2022년도 관측지점별 기상 평년값을 나타낸 자료이다. 이어지는 질문에 답하시오. **[38~39]**

<관측지점별 기상 평년값>

(단위 : ℃, mm)

구분	평균 기온	최고 기온	최저 기온	강수량
속초	12.2	16.2	8.5	1,402
철원	10.2	16.2	4.7	1,391
춘천	11.1	17.2	5.9	1,347
강릉	13.1	17.5	9.2	1,464
동해	12.6	16.8	8.6	1,278
충주	11.2	17.7	5.9	1,212
서산	11.9	17.3	7.2	1,285

38 관측지점 중 최고 기온이 17℃ 이상이며, 최저 기온이 7℃ 이상인 지점의 강수량의 합은 몇 mm인가?

① 3,027mm

② 2,955mm

③ 2,834mm

④ 2,749mm

39 다음 중 자료에 대한 설명으로 옳은 것은?

① 동해의 최고 기온과 최저 기온의 평균은 12.7℃이다.

② 속초는 관측지점 중 평균 기온이 두 번째로 높고, 강수량도 두 번째로 많다.

③ 최고 기온과 최저 기온의 차이가 가장 큰 지점은 서산이다.

④ 평균 기온, 최고·최저 기온이 가장 높고, 강수량도 가장 많은 지점은 강릉이다.

40 S초등학교 1, 2학년 학생들에게 다섯 가지 색깔 중 선호하는 색깔을 선택하게 하였다. 1학년 전체 학생 중 빨강을 좋아하는 학생 수의 비율과 2학년 전체 학생 중 노랑을 좋아하는 학생 수의 비율을 바르게 나열한 것은?(단, 각 학년의 인원수는 250명이다)

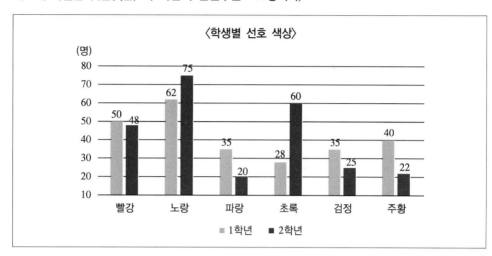

〈학생별 선호 색상〉

① 20%, 30%
② 25%, 25%
③ 30%, 30%
④ 20%, 25%

※ 다음 〈조건〉을 보고 ?에 들어갈 문자를 고르시오. [1~2]

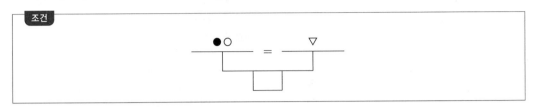

01

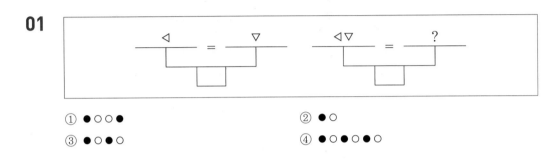

① ●○○○●

② ●○

③ ●○●○

④ ●○●○●○

02

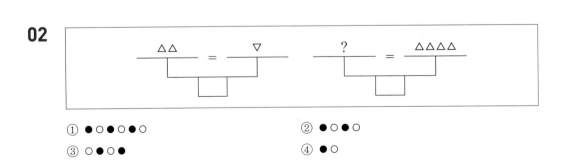

① ●○○●○●○

② ●○○●○

③ ○●○●

④ ●○

※ 다음 〈조건〉을 보고 ?에 들어갈 문자를 고르시오. [3~4]

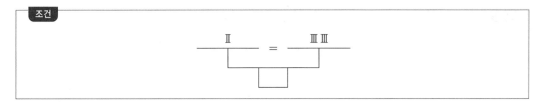

03

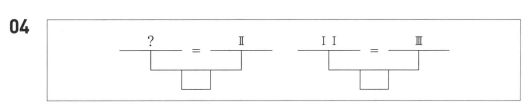

① Ⅱ Ⅲ
② Ⅲ Ⅴ Ⅴ
③ Ⅲ Ⅲ Ⅴ Ⅱ
④ Ⅱ Ⅴ Ⅴ

04

① Ⅲ Ⅰ Ⅰ
② Ⅲ Ⅲ Ⅰ Ⅰ
③ Ⅰ Ⅲ Ⅰ Ⅰ
④ Ⅰ Ⅰ Ⅰ

PART 2

※ 다음 〈조건〉을 보고 ?에 들어갈 문자를 고르시오. [5~6]

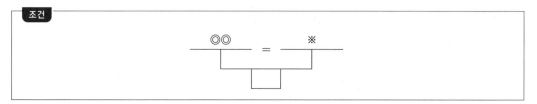

05

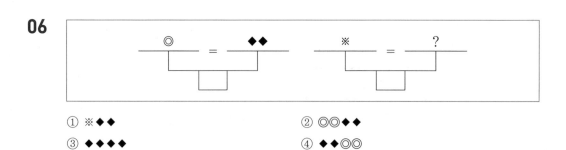

① ※◎◎

② ※

③ ◎※

④ ※※

06

① ※◆◆

② ◎◎◆◆

③ ◆◆◆◆

④ ◆◆◎◎

※ 다음 〈조건〉을 보고 ?에 들어갈 문자를 고르시오. [7~8]

조건

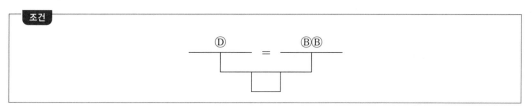

07

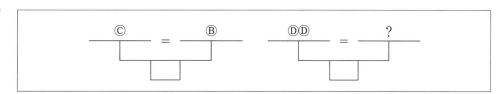

① ⒷⒷⒹⒸ
② ⒹⒸⒸ
③ ⒹⒸ
④ ⒸⒸⒸⒹ

08

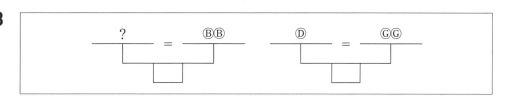

① ⒼⒼⒼⒼ
② ⒹⒼⒼ
③ ⒼⒼⒹ
④ ⒼⒼ

※ 다음 〈조건〉을 보고 ?에 들어갈 문자를 고르시오. [9~10]

조건

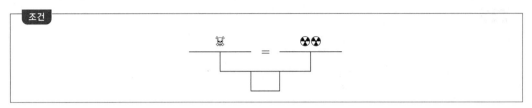

09

① ☢☢☢☢

② ☢☢☢☠

③ ☠☠☠

④ ☣☣

10

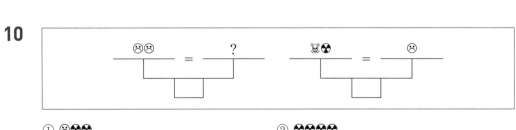

① ☹☢☢

② ☢☢☢☢

③ ☠☠☠☠

④ ☠☹

※ 다음 〈조건〉을 보고 ?에 들어갈 문자를 고르시오. [11~12]

조건

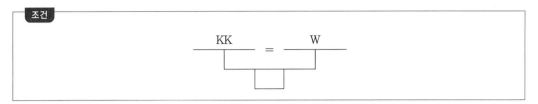

11

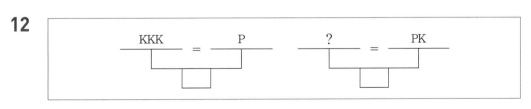

① KKKK   ② WKKK

③ WWKK   ④ WWWK

12

KKK = P   ? = PK

① KKKK   ② KKPP

③ WWW   ④ WWK

조건

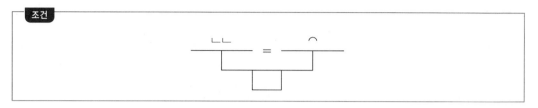

13

① ⊙ㄴㄴㄴ
② ㄴㄴㄴㄴ
③ ⌒⌒ㄴ
④ ⌒⌒⌒

14

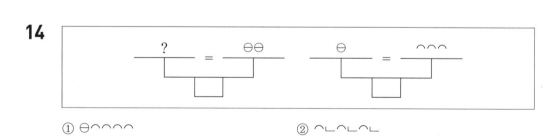

① ⊖⌒⌒⌒⌒
② ⌒ㄴ⌒ㄴ⌒ㄴ
③ ⌒⌒⌒⌒ㄴㄴㄴㄴ
④ ⌒⌒ㄴㄴㄴㄴㄴㄴ

※ 다음 〈조건〉을 보고 ?에 들어갈 문자를 고르시오. [15~16]

조건

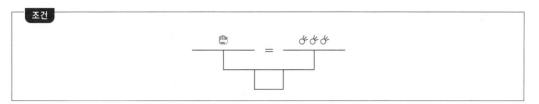

15

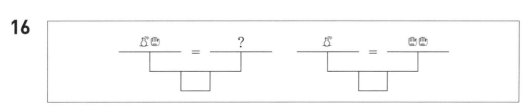

① ♂♂🖐🖐

② ♂♂♂♂♂

③ 🖐♂♂♂

④ 🖐🖐🖐

16

① ♂♂♂♂♂♂

② ♂♂♂♂♂♂♂

③ ♂♂♂♂♂♂♂♂

④ ♂♂♂♂♂♂♂♂♂

PART 2

※ 다음 〈조건〉을 보고 ?에 들어갈 문자를 고르시오. [17~18]

조건

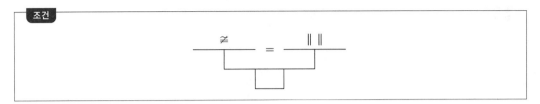

17

① ≇≇≇

② ‖ ‖≇≇

③ ≇≇≇‖ ‖

④ ‖ ‖ ‖ ‖ ‖ ‖

18

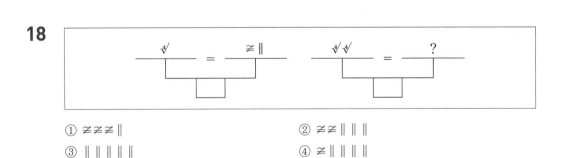

① ≇≇≇‖

② ≇≇‖ ‖ ‖

③ ‖ ‖ ‖ ‖ ‖

④ ≇‖ ‖ ‖ ‖

※ 다음 〈조건〉을 보고 ?에 들어갈 문자를 고르시오. [19~20]

조건

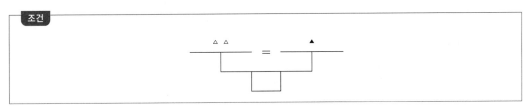

19

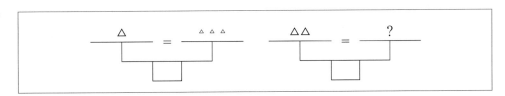

① ▲ ▲ △

② ▲ ▲ ▲

③ △ △ △ △

④ △ △ △ ▲ ▲

20

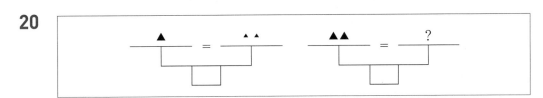

① △ △ △ △ △ △

② ▲ △ △ △ △

③ ▲ △ △ △ △

④ ▲ ▲ ▲ △ △ △

21

[제시문 A]
• 테니스를 치는 사람은 마라톤을 한다.
• 마라톤을 하는 사람은 축구를 하지 않는다.
• 축구를 하는 사람은 등산을 한다.

[제시문 B]
축구를 하는 사람은 테니스를 치지 않는다.

① 참   ② 거짓   ③ 알 수 없음

22

[제시문 A]
• 피로가 쌓이면 휴식을 취한다.
• 마음이 안정되지 않으면 휴식을 취하지 않는다.
• 피로가 쌓이지 않으면 모든 연락을 끊지 않는다.

[제시문 B]
모든 연락을 끊으면 마음이 안정된다.

① 참   ② 거짓   ③ 알 수 없음

23

[제시문 A]
- 소꿉놀이를 좋아하는 아이는 수영을 좋아하지 않는다.
- 공놀이를 좋아하지 않는 아이는 장난감 로봇을 좋아한다.
- 공놀이를 좋아하는 아이는 소꿉놀이를 좋아하지 않는다.

[제시문 B]
장난감 로봇을 좋아하지 않는 아이는 소꿉놀이를 좋아하지 않는다.

① 참   ② 거짓   ③ 알 수 없음

PART 2

24

[제시문 A]
- 산을 정복하고자 하는 사람은 항상 도전정신과 끈기가 있다.
- 도전정신과 끈기가 있는 사람은 공부를 잘한다.

[제시문 B]
공부를 잘하는 사람은 산을 정복하고자 한다.

① 참   ② 거짓   ③ 알 수 없음

25

[제시문 A]
- 바다에 가면 문어 라면을 먹겠다.
- 산에 가면 쑥을 캐겠다.
- 문어 라면을 먹으면 쑥을 캐지 않겠다.

[제시문 B]
바다에 가면 산에 가지 않겠다.

① 참   ② 거짓   ③ 알 수 없음

- 텃밭에 토마토, 오이, 상추, 호박의 새싹이 서로 다른 크기로 자라고 있다.
- 토마토 새싹은 오이의 새싹보다 더 크게 자랐다.
- 상추의 새싹은 호박의 새싹보다 더 크게 자랐다.
- 호박의 새싹은 오이의 새싹보다 작게 자랐다.
- 오이의 새싹은 상추의 새싹보다 작게 자랐다.

26 상추의 새싹이 가장 크게 자랐다.

① 참 　　　　　　② 거짓 　　　　　　③ 알 수 없음

27 호박의 새싹이 가장 작게 자랐다.

① 참 　　　　　　② 거짓 　　　　　　③ 알 수 없음

- A ~ D 네 사람이 컴퓨터 활용능력시험에 응시했다.
- 1, 2, 3급에 각각 1명, 2명, 1명이 합격했다.
- A와 B는 다른 급수에 합격했다.
- A와 C는 다른 급수에 합격했다.
- D는 세 사람과 다른 급수에 합격했다.

28 B는 1급에 합격했다.

① 참 　　　　　　② 거짓 　　　　　　③ 알 수 없음

29 A는 3급에 합격했다.

① 참 　　　　　　② 거짓 　　　　　　③ 알 수 없음

30 C는 2급에 합격했다.

① 참 　　　　　　② 거짓 　　　　　　③ 알 수 없음

※ 다음 명제가 모두 참일 때, 반드시 참인 명제를 고르시오. [31~40]

31

> • 테니스를 좋아하는 사람은 가족 여행을 싫어한다.
> • 가족 여행을 좋아하는 사람은 독서를 좋아한다.
> • 독서를 좋아하는 사람은 쇼핑을 싫어한다.
> • 쇼핑을 좋아하는 사람은 그림 그리기를 좋아한다.
> • 그림 그리기를 좋아하는 사람은 테니스를 좋아한다.

① 그림 그리기를 좋아하는 사람은 가족 여행을 좋아한다.

② 쇼핑을 싫어하는 사람은 그림 그리기를 좋아한다.

③ 테니스를 좋아하는 사람은 독서를 좋아한다.

④ 쇼핑을 좋아하는 사람은 가족 여행을 싫어한다.

32

> • 달리기를 잘하는 모든 사람은 영어를 잘한다.
> • 영어를 잘하는 모든 사람은 부자이다.
> • 나는 달리기를 잘한다.

① 부자는 반드시 영어를 잘한다.

② 부자는 반드시 달리기를 잘한다.

③ 나는 부자이다.

④ 영어를 잘하는 사람은 반드시 달리기를 잘한다.

33

> • 어떤 꽃은 향기롭다.
> • 향기로운 꽃은 주위에 나비가 많다.
> • 주위에 나비가 많은 모든 꽃은 아카시아이다.

① 주위에 나비가 없는 꽃은 아카시아이다.

② 어떤 꽃은 아카시아이다.

③ 주위에 나비가 많은 꽃은 향기롭다.

④ 어떤 꽃은 나비가 많지 않다.

34

- 세경이는 전자공학을 전공한다.
- 원영이는 사회학을 전공한다.
- 세경이는 복수전공으로 패션디자인을 전공한다.

① 원영이는 전자공학을 전공한다.
② 세경이는 전자공학과 패션디자인 모두를 전공한다.
③ 원영이의 부전공은 패션디자인이다.
④ 세경이의 부전공은 패션디자인이다.

35

- 철수의 성적은 영희보다 낮고, 수연이보다 높다.
- 영희의 성적은 90점이고, 수연이의 성적은 85점이다.
- 수연이와 윤수의 성적은 같다.

① 철수의 성적은 윤수보다 낮다.
② 철수의 성적은 90점 이상이다.
③ 철수의 성적은 85점 이하이다.
④ 철수의 성적은 86점 이상 89점 이하이다.

36

- 회의장을 세팅하는 사람은 회의록을 작성하지 않는다.
- 회의에 쓰일 자료를 복사하는 사람은 자료 준비에 참여한 것이다.
- 자료 준비에 참여하는 사람은 회의장 세팅에 참여하지 않는다.
- 자료 준비를 하는 사람은 회의 중 회의록을 작성한다.

① A사원이 회의록을 작성하면 회의 자료를 준비한다.
② B사원이 회의록을 작성하지 않으면 회의 자료를 복사하지 않는다.
③ C사원이 회의에 쓰일 자료를 복사하면 회의록을 작성하지 않는다.
④ D사원이 회의장을 세팅하면 회의 자료를 복사한다.

37

- 경철이는 윤호보다 바둑을 못 둔다.
- 윤호는 정래보다 바둑을 못 둔다.
- 혜미는 윤호보다 바둑을 잘 둔다.

① 정래는 혜미보다 바둑을 잘 둔다.
② 바둑을 가장 잘 두는 사람은 혜미다.
③ 혜미는 경철이보다 바둑을 잘 둔다.
④ 경철이가 정래보다 바둑을 잘 둔다.

38

- 은지는 정주보다 빠르다.
- 경순이는 정주보다 느리다.
- 민경이는 은지보다 빠르다.

① 경순이가 가장 느리다.　　② 정주가 가장 느리다.
③ 은지는 민경이보다 빠르다.　④ 정주는 민경이보다 빠르다.

39

- 커피를 마시면 치즈케이크도 먹는다.
- 마카롱을 먹으면 요거트를 먹지 않는다.
- 요거트를 먹지 않으면 커피를 마신다.
- 치즈케이크를 먹으면 초코케이크를 먹지 않는다.
- 아이스크림을 먹지 않으면 초코케이크를 먹는다.

① 마카롱을 먹으면 아이스크림을 먹는다.
② 요거트를 먹지 않으면 초코케이크를 먹는다.
③ 아이스크림을 먹으면 치즈케이크를 먹는다.
④ 커피를 마시지 않으면 초코케이크를 먹는다.

40

- 어떤 여학생은 채팅을 좋아한다.
- 어떤 남학생은 채팅을 좋아한다.
- 모든 남학생은 컴퓨터 게임을 좋아한다.

① 어떤 여학생은 컴퓨터 게임을 좋아한다.
② 모든 여학생은 컴퓨터 게임을 싫어한다.
③ 어떤 여학생은 채팅과 컴퓨터 게임을 모두 좋아한다.
④ 어떤 남학생은 채팅과 컴퓨터 게임을 모두 좋아한다.

| 03 | 지각능력검사

※ 제시된 문자와 동일한 문자를 〈보기〉에서 찾아 고르시오(단, 가장 왼쪽 문자를 시작 지점으로 한다).
  [1~4]

보기

         ≮   ≦   ≰   ⋘   ≪   ≯   ≷   ≱

01

$$≦$$

① 1번째   ② 2번째
③ 4번째   ④ 5번째

02

$$≷$$

① 3번째   ② 5번째
③ 7번째   ④ 8번째

03

$$≪$$

① 5번째   ② 6번째
③ 7번째   ④ 8번째

04

$$⋘$$

① 1번째   ② 4번째
③ 6번째   ④ 8번째

※ 제시된 문자와 동일한 문자를 〈보기〉에서 찾아 고르시오(단, 가장 왼쪽 문자를 시작 지점으로 한다).
　　[5~8]

보기

⇝　⤫　⇌　↩　↓　↳　⇑　↨

05

↩

① 2번째　　　　　　　　　　　② 3번째
③ 4번째　　　　　　　　　　　④ 5번째

06

⤫

① 2번째　　　　　　　　　　　② 5번째
③ 6번째　　　　　　　　　　　④ 8번째

07

↓

① 3번째　　　　　　　　　　　② 5번째
③ 7번째　　　　　　　　　　　④ 8번째

08

⇑

① 1번째　　　　　　　　　　　② 3번째
③ 5번째　　　　　　　　　　　④ 7번째

※ 제시된 문자와 동일한 문자를 〈보기〉에서 찾아 고르시오(단, 가장 왼쪽 문자를 시작 지점으로 한다).
[9~12]

보기

♫   ◎   ♣   ✚   ⊗   ♨   "   ♥

09

♥

① 4번째   ② 5번째
③ 6번째   ④ 8번째

10

♣

① 3번째   ② 4번째
③ 5번째   ④ 6번째

11

✚

① 3번째   ② 4번째
③ 7번째   ④ 8번째

12

"

① 1번째   ② 4번째
③ 5번째   ④ 7번째

※ 제시된 문자와 동일한 문자를 〈보기〉에서 찾아 고르시오(단, 가장 왼쪽 문자를 시작 지점으로 한다).
   [13~16]

13

✍

① 2번째   ② 4번째
③ 6번째   ④ 8번째

14

⇨

① 1번째   ② 3번째
③ 5번째   ④ 8번째

15

☏

① 1번째   ② 2번째
③ 5번째   ④ 7번째

16

✂

① 2번째   ② 3번째
③ 6번째   ④ 8번째

※ 제시된 문자와 동일한 문자를 〈보기〉에서 찾아 고르시오(단, 가장 왼쪽 문자를 시작 지점으로 한다).
   [17~20]

보기

ㅜ ㅓ ㅏ ㅣ ㄱ ㅗ ㅢ ㄱ

17

ㅗ

① 3번째   ② 4번째
③ 5번째   ④ 6번째

18

ㅓ

① 1번째   ② 2번째
③ 3번째   ④ 4번째

19

ㅢ

① 2번째   ② 3번째
③ 7번째   ④ 8번째

20

ㄱ

① 1번째   ② 3번째
③ 5번째   ④ 7번째

21

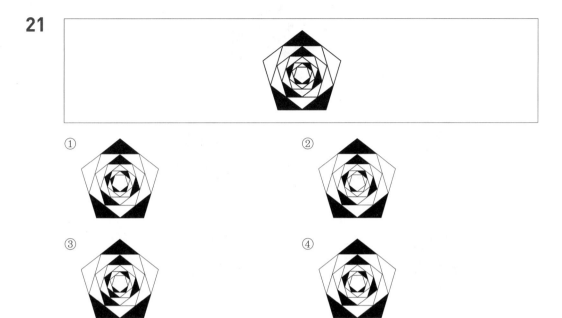

22

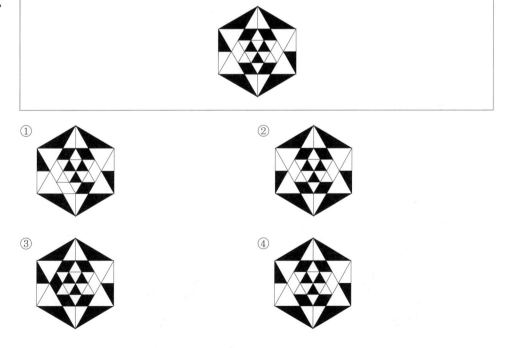

23

① 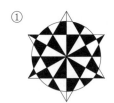　　　②

③ 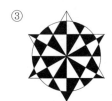　　　④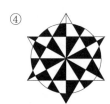

24

① 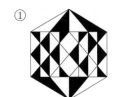　　　②

③ 　　　④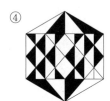

25

①

②

③

④

※ 다음 중 나머지 도형과 다른 것을 고르시오. [26~30]

26

①

②

③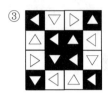

④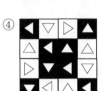

27

①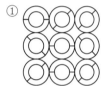

②

③

④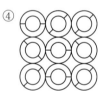

28

①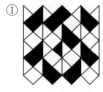

②

③

④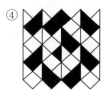

29

①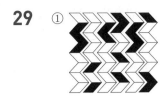

②

③

④

30

①

②

③

④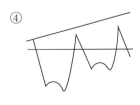

※ 다음과 같은 모양을 만드는 데 사용된 블록의 개수를 고르시오(단, 보이지 않는 곳의 블록은 있다고 가정한다). [31~40]

31

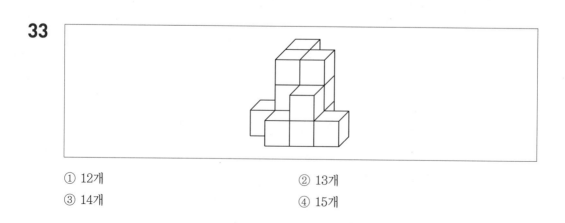

① 10개　　　　　　　　　　② 11개
③ 12개　　　　　　　　　　④ 13개

32

① 8개　　　　　　　　　　② 9개
③ 10개　　　　　　　　　　④ 11개

33

① 12개　　　　　　　　　　② 13개
③ 14개　　　　　　　　　　④ 15개

34

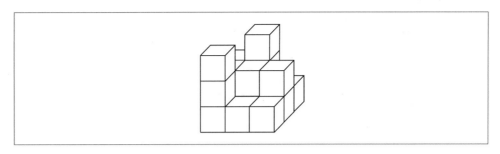

① 15개   ② 16개

③ 17개   ④ 18개

35

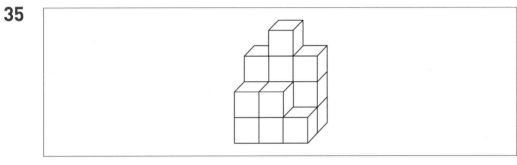

① 15개   ② 16개

③ 17개   ④ 18개

36

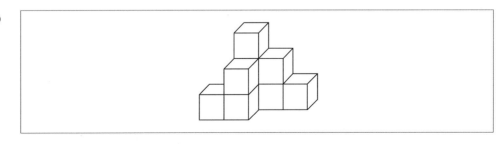

① 8개   ② 9개

③ 10개   ④ 11개

37

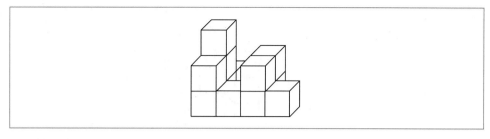

① 10개   ② 11개

③ 12개   ④ 13개

38

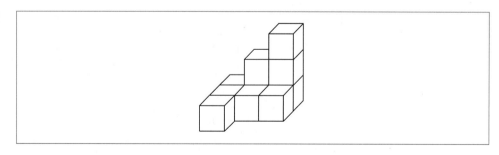

① 10개   ② 11개

③ 12개   ④ 13개

39

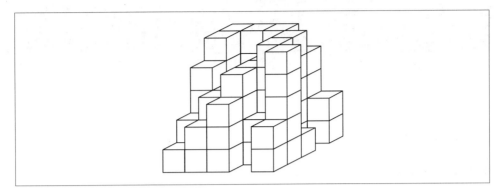

① 79개   ② 78개

③ 77개   ④ 76개

40

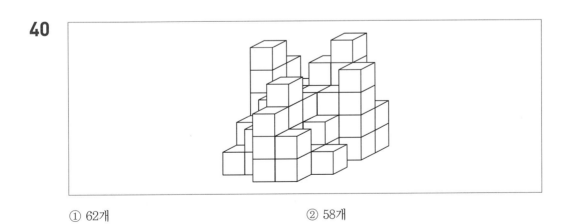

① 62개   ② 58개

③ 59개   ④ 60개

도서 동형 온라인 실전연습 서비스
AOUG-00000-DF6F5

☑ 응시시간 : 45분　　☑ 문항 수 : 120문항　　　　정답 및 해설 p.051

| 01 | 수리능력검사

※ 다음 식을 계산한 값으로 옳은 것을 고르시오. [1~20]

01

$$1,230+2,460+2,540-230$$

① 5,400　　　　　　　　　　② 5,600

③ 5,800　　　　　　　　　　④ 6,000

02

$$1,320 \div 20 - 427 \div 7$$

① 3　　　　　　　　　　② 4

③ 5　　　　　　　　　　④ 6

03

$$(1,111 \times 9 + 0.001) \div 10 + 9$$

① 8　　　　　　　　　　② 9

③ 10　　　　　　　　　　④ 11

04

$$7,389 \div 3 - 4,354 \div 7$$

① 1,831　　　　　　　　　　② 1,841

③ 1,851　　　　　　　　　　④ 1,861

05

$$1,297-2,312+7,846$$

① 6,531　　　　　　　② 6,631
③ 6,731　　　　　　　④ 6,831

06

$$4,544+3,339\div3-4,345$$

① 1,212　　　　　　　② 1,312
③ 1,412　　　　　　　④ 1,512

07

$$213\times2^2+3,123\times2$$

① 7,068　　　　　　　② 7,078
③ 7,088　　　　　　　④ 7,098

08

$$(5^2\times4^2\times6^2)\div12^2$$

① 40　　　　　　　　② 60
③ 80　　　　　　　　④ 100

09

$$8\times27\times64\div576$$

① 23　　　　　　　　② 24
③ 25　　　　　　　　④ 26

10

$$266+377+488$$

① 1,111　　　　　　　② 1,121

③ 1,131　　　　　　　④ 1,141

11

$$5,874+2,145+3,457$$

① 11,176　　　　　　② 11,276

③ 11,376　　　　　　④ 11,476

12

$$(98,424-2,432)\div 142$$

① 676　　　　　　　② 677

③ 678　　　　　　　④ 679

13

$$46+67\times 6+655+64$$

① 1,167　　　　　　② 1,267

③ 1,367　　　　　　④ 1,467

14

$$0.3454-0.2454+0.121$$

① 0.201　　　　　　② 0.211

③ 0.221　　　　　　④ 0.231

15

$$(44,324+64,330)\div273$$

① 396   ② 397
③ 398   ④ 399

16

$$64,967+23,123+44,545$$

① 132,635   ② 132,735
③ 132,835   ④ 132,935

17

$$45+6\times7\times8\times9$$

① 3,039   ② 3,049
③ 3,059   ④ 3,069

18

$$782+831-454$$

① 1,459   ② 1,359
③ 1,259   ④ 1,159

19

$$3\times2\times2^2\times2^3$$

① 162   ② 172
③ 182   ④ 192

20

$$44+333 \div 111+22+33$$

① 82
② 92
③ 102
④ 112

21 x%의 소금물 400g에 12% 소금물 200g을 넣었다. 이때, 녹아있는 소금의 양을 yg이라 하면 y는 얼마인가?

① $3x+12$
② $3x+24$
③ $4x+12$
④ $4x+24$

22 A가게에서는 감자 한 박스에 10,000원이고 배송비는 무료이며, B가게에서는 한 박스에 8,000원이고 배송비는 3,000원이라고 할 때, 최소한 몇 박스를 사야 B가게에서 사는 것이 A가게에서 사는 것보다 저렴한가?

① 2박스
② 3박스
③ 4박스
④ 5박스

23 김대리는 거래처에서 A제품을 구입하기로 했다. 제품 한 개당 가격은 20만 원이고, 200개 미만을 구입할 때의 할인율은 10%, 200개 이상을 구입할 때의 할인율은 15%이다. A제품을 200개 이하로 구입하려고 할 때, 최소 몇 개 이상을 구입했을 때부터 200개를 구입하는 것이 더 이익인가?

① 149개
② 159개
③ 169개
④ 189개

24 A와 B는 함께 자격증 시험에 도전하였다. A가 불합격할 확률이 $\frac{2}{3}$이고 B가 합격할 확률이 60%일 때 A, B 둘 다 합격할 확률은?

① 20%
② 30%
③ 40%
④ 50%

25 두 자연수 a, b에 대하여 a가 짝수일 확률은 $\dfrac{2}{3}$, b가 짝수일 확률은 $\dfrac{3}{5}$이다. 이때 a와 b의 곱이 짝수일 확률은?

① $\dfrac{11}{15}$

② $\dfrac{4}{5}$

③ $\dfrac{13}{15}$

④ $\dfrac{14}{15}$

26 민철이와 성훈이가 S스키장에서 각각 A코스, C코스를 이용하고자 한다. 코스를 내려가는 데 걸리는 시간은 민철이가 8분, 성훈이가 6분일 때 오후 12시에 각 코스에서 동시에 내려가기 시작했다면 세 번째로 동시에 내려가기 시작하는 시각은 언제인가?(단, 두 사람 모두 코스 이동 시 리프팅을 이용한다)

코스	A	B	C	D	E
상승시간	8분	6분	8분 30초	10분	5분
현재 대기시간	4분	9분 30초	10분 30초	12분 30초	3분

〈S스키장 리프팅 상승 시간 및 대기시간 알림표〉

① 오후 3시 30분

② 오후 4시 15분

③ 오후 5시

④ 오후 5시 45분

27 집에서 할아버지 댁까지는 총 50km이다. 10km/h의 속력으로 25km를 갔더니 도착하기로 한 시간이 얼마 남지 않아서 15km/h의 속력으로 뛰어가 오후 4시에 할아버지 댁에 도착할 수 있었다. 집에서 나온 시각은 언제인가?

① 오전 11시 50분

② 낮 12시 10분

③ 낮 12시 50분

④ 오후 1시 10분

28 둘레의 길이가 1km인 공원이 있다. 철수와 영희는 서로 반대 방향으로 걸어서 중간에서 만나기로 했다. 철수는 1분에 70m를 걷고, 영희는 1분에 30m를 걸을 때, 두 사람이 처음 만날 때까지 걸린 시간은?

① 5분

② 10분

③ 20분

④ 30분

29 라임이와 아버지의 나이 차는 28세이다. 그리고 아버지의 나이는 라임이의 나이의 3배라면 현재 아버지의 나이는?

① 40세

② 42세

③ 44세

④ 46세

30 같은 헤어숍에 다니고 있는 A양과 B군은 일요일에 헤어숍에서 마주쳤다. 서로 마주친 이후 A양은 10일 간격으로 헤어숍에 방문했고, B군은 16일마다 헤어숍에 방문했다. 두 사람이 다시 헤어숍에서 만났을 때의 요일은 언제인가?

① 일요일

② 화요일

③ 수요일

④ 금요일

31 다음 자료는 어느 나라의 2021년과 2022년의 노동 가능 인구구성의 변화를 나타낸 것이다. 2021년도와 비교한 2022년도의 상황을 바르게 설명한 것은?

<노동 가능 인구구성의 변화>

구분	취업자	실업자	비경제활동인구
2021년	55%	25%	20%
2022년	43%	27%	30%

① 이 자료에서 실업자의 수는 알 수 없다.

② 실업자의 비율은 감소하였다.

③ 경제활동인구는 증가하였다.

④ 취업자 비율의 증감폭이 실업자 비율의 증감폭보다 작다.

32 C사원은 본사 이전으로 인해 집과 회사가 멀어져 회사 근처로 집을 구하려고 한다. S시에 있는 아파트와 빌라 총 세 곳의 월세를 알아 본 C사원이 월세와 교통비를 생각해 집을 결정한다고 할 때, 옳은 것은?

구분	월세	거리(편도)
A빌라	280,000원	2.8km
B빌라	250,000원	2.1km
C아파트	300,000원	1.82km

※ 월 출근일 : 20일
※ 교통비 : 1km당 1,000원

① 월 예산 40만 원으로는 세 집 모두 불가능하다.
② B빌라에 살 경우 회사와 집만 왕복하면 한 달에 33만 4천 원으로 살 수 있다.
③ C아파트의 교통비가 가장 많이 든다.
④ C아파트는 A빌라보다 한 달 금액이 20,000원 덜 든다.

33 다음은 2015년부터 2020년까지 자원봉사 참여 현황에 대한 표이다. 6년 동안 참여율이 4번째로 높은 해의 전년 대비 참여율의 증가율을 구하면?(단, 증가율은 소수점 첫째 자리에서 반올림한다)

〈자원봉사 참여 현황〉

(단위 : 천 명, %)

구분	2015년	2016년	2017년	2018년	2019년	2020년
총 성인 인구수	35,744	36,786	37,188	37,618	38,038	38,931
자원봉사 참여 성인 인구수	1,621	2,103	2,548	3,294	3,879	4,634
참여율	4.5	5.7	6.9	8.8	10.2	11.9

① 약 15%
② 약 17%
③ 약 19%
④ 약 21%

34 다음은 S기업의 재화 생산량에 따른 총 생산비용의 변화를 나타낸 자료이다. 기업의 생산 활동과 관련하여 옳은 설명을 〈보기〉에서 모두 고르면?(단, 재화 1개당 가격은 7만 원이다)

생산량(개)	0	1	2	3	4	5
총 생산비용(만 원)	5	9	12	17	24	33

보기

ㄱ. 2개와 5개를 생산할 때의 이윤은 동일하다.
ㄴ. 이윤을 극대화할 수 있는 최대 생산량은 4개이다.
ㄷ. 4개에서 5개로 생산량을 증가시킬 때 이윤은 증가한다.
ㄹ. 1개를 생산하는 것보다 생산을 하지 않는 것이 손해가 적다.

① ㄱ, ㄴ ② ㄱ, ㄷ
③ ㄴ, ㄷ ④ ㄷ, ㄹ

35 S사는 휴대폰 부품 A, B를 생산하고 있다. 각 부품에 대한 불량률이 다음과 같을 때, 한 달간 생산되는 A, B부품의 불량품 개수 차는?

〈부품별 한 달 생산 개수 및 불량률〉

구분	A부품	B부품
생산 개수	3,000개	4,100개
불량률	25%	15%

① 120개 ② 125개
③ 130개 ④ 135개

36 다음은 S마트의 과자 종류에 따른 가격을 나타낸 표이다. S마트는 A ~ C과자에 기획 상품 할인을 적용하여 팔고 있다. A ~ C과자를 정상가로 각각 2봉지씩 구매할 수 있는 금액을 가지고 각각 2봉지씩 할인된 가격으로 구매 후 A과자를 더 산다고 할 때, 몇 봉지를 더 살 수 있는가?

〈과자별 가격 및 할인율〉

구분	A과자	B과자	C과자
정상가	1,500원	1,200원	2,000원
할인율	20%		40%

① 4봉지 ② 3봉지

③ 2봉지 ④ 1봉지

37 금연프로그램을 신청한 흡연자 A씨는 국민건강보험공단에서 진료 및 상담비용과 금연보조제 비용의 일정 부분을 지원받고 있다. A씨는 의사와 상담을 6회 받았고, 금연보조제로 니코틴패치 3묶음을 구입했다고 할 때, 다음 지원 현황에 따라 흡연자 A씨가 지불하는 부담금은 얼마인가?

〈금연프로그램 지원 현황〉

구분	진료 및 상담	금연보조제(니코틴패치)
가격	30,000원/회	12,000원/묶음
지원금 비율	90%	75%

※ 진료 및 상담료 지원금은 6회까지 지원한다.

① 21,000원 ② 23,000원

③ 25,000원 ④ 27,000원

38 다음은 당해연도 방송사별 연간 방송시간과 편성 비율자료이다. 이에 대한 설명으로 옳지 않은 것을 〈보기〉에서 모두 고르면?

〈연간 방송시간〉

(단위 : 시간)

구분	보도시간	교양시간	오락시간
A	2,343	3,707	1,274
B	791	3,456	2,988
C	1,584	2,520	3,243
D	1,586	2,498	3,310

보기

ㄱ. 4개 방송사의 총 연간 방송시간은 교양시간, 오락시간, 보도시간 순으로 많다.
ㄴ. A방송사의 연간 방송시간 중 보도시간 비율은 D방송사의 교양시간 비율보다 높다.
ㄷ. 각 방송사의 연간 방송시간 중 보도시간 비율이 가장 높은 방송사는 A이다.
ㄹ. 4개 방송사의 총 연간 방송시간 중 오락시간 비율은 40% 이상이다.

① ㄱ, ㄴ
② ㄱ, ㄷ
③ ㄴ, ㄷ
④ ㄴ, ㄹ

39 다음은 학년별 온라인수업 수강방법에 대한 자료이다. 이에 대한 설명으로 옳은 것을 〈보기〉에서 모두 고르면?

〈학년별 온라인수업 수강방법〉

(단위 : %)

구분		스마트폰	태블릿PC	노트북	PC
학년	초등학생	7.2	15.9	34.4	42.5
	중학생	5.5	19.9	36.8	37.8
	고등학생	3.1	28.5	38.2	30.2
성별	남학생	10.8	28.1	30.9	30.2
	여학생	3.8	11.7	39.1	45.4

보기

㉠ 초등학생에서 중학생, 고등학생으로 올라갈수록 스마트폰과 PC의 이용률은 감소하고, 태블릿PC와 노트북의 이용률은 증가한다.
㉡ 초·중·고등학생의 노트북과 PC의 이용률의 차이는 고등학생이 가장 작다.
㉢ 남학생·여학생 이용률의 차이는 태블릿PC가 노트북의 2배이다.

① ㉠
② ㉠, ㉡
③ ㉠, ㉢
④ ㉡, ㉢

40 다음은 2022년에 가구주들이 노후준비방법에 대해 응답한 자료를 반영한 그래프이다. 다음 중 가장 비율이 큰 항목의 비율 대비 네 번째로 비율이 큰 항목의 구성비의 비율로 옳은 것은?(단, 소수점 둘째 자리에서 반올림한다)

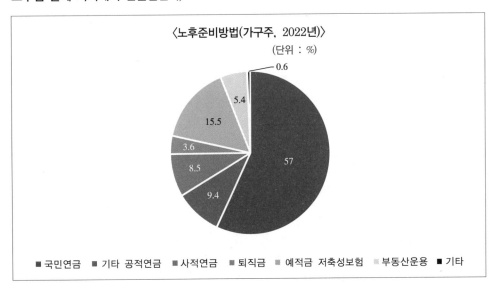

① 11.2%

② 14.9%

③ 17.4%

④ 19.1%

| 02 | 추리능력검사

※ 다음 〈조건〉을 보고 ?에 들어갈 문자를 고르시오. [1~2]

조건

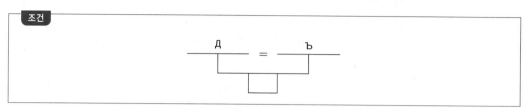

01

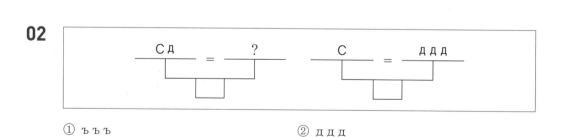

① д ъ д

② д ъ ъ д

③ д ъ ц д

④ д ц ц д

02

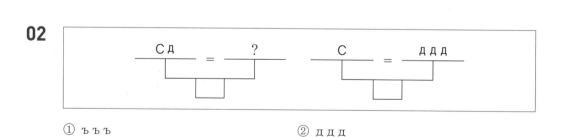

① ъ ъ ъ

② д д д

③ д ъ д ъ

④ С ъ ъ

※ 다음 〈조건〉을 보고 ?에 들어갈 문자를 고르시오. [3~4]

조건

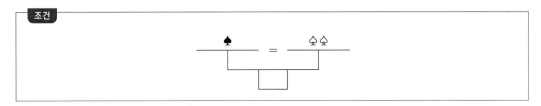

03

① ♤

② ♤♤

③ ♤♤♤

④ ♤♤♤♤

04

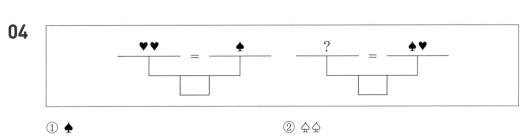

① ♠

② ♤♤

③ ♤♤♥

④ ♠♠

※ 다음 〈조건〉을 보고 ?에 들어갈 문자를 고르시오. [5~6]

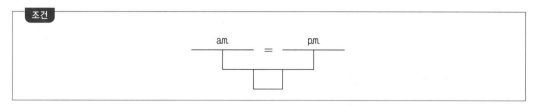

05

① p.m.

② ampm.

③ amamam.

④ ™ ™ ™

06

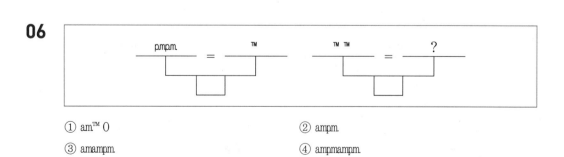

① am™ 0

② ampm.

③ amampm.

④ ampmampm.

※ 다음 〈조건〉을 보고 ?에 들어갈 문자를 고르시오. [7~8]

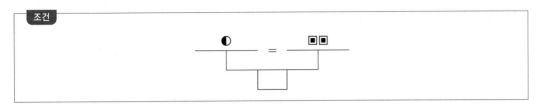

07

① ◑◑

② ◑◑◑

③ ◈

④ ◈◈

08

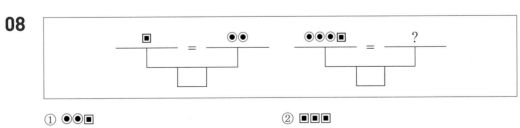

① ◉◉■

② ■■■

③ ■◑

④ ◉◑

※ 다음 〈조건〉을 보고 ?에 들어갈 문자를 고르시오. [9~10]

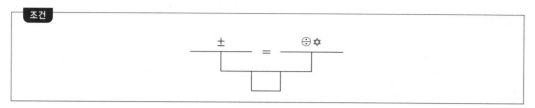

09

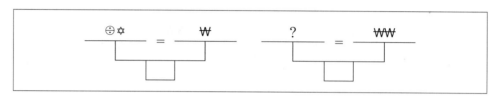

① ±⊕✿
② ±±⊕✿
③ ₩⊕✿±
④ ₩±±

10

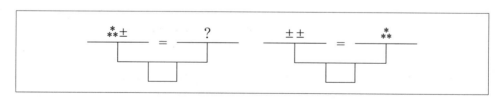

① ⊕✿⊕✿
② ⊕✿⊕✿±
③ ±±**
④ ****

※ 다음 〈조건〉을 보고 ?에 들어갈 문자를 고르시오. [11~12]

조건

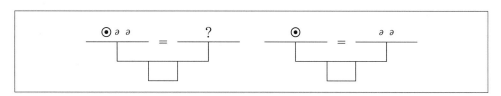

11

① ⊖
② ⊖ ∂ ∂
③ ⊙
④ ⊙⊙ ∂ ∂

12

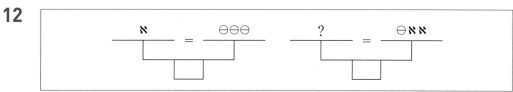

① ⊖⊖⊖⊖⊖⊖
② ℵ⊖⊙
③ ℵℵℵ
④ ⊖⊖⊙⊙ℵ

※ 다음 〈조건〉을 보고 ?에 들어갈 문자를 고르시오. [13~14]

조건

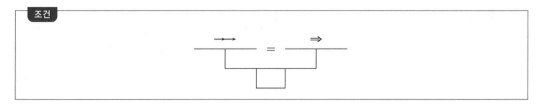

13

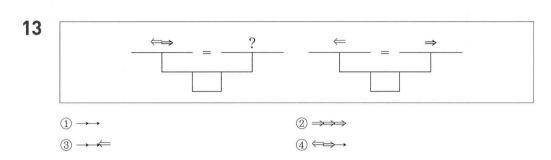

① ⟶

② ⟹⟹

③ ⟶⟸

④ ⟺⟶

14

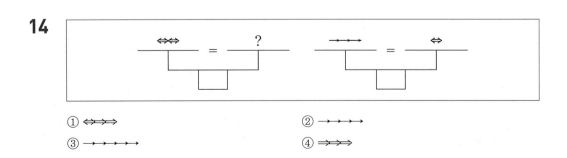

① ⟺⟹

② ⟶⟶⟶

③ ⟶⟶⟶⟶

④ ⟹⟹

※ 다음 〈조건〉을 보고 ?에 들어갈 문자를 고르시오. [15~16]

조건

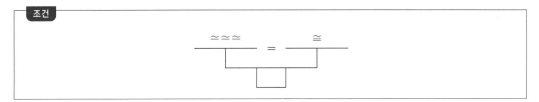

15

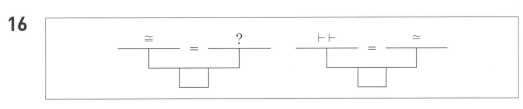

① ≃≃≃
② ≅≃

③ ≅≃≃
④ ≅≅

16

① ㅏㅏㅏ
② ㅏㅏㅏㅏ

③ ㅏㅏㅏㅏ
④ ㅏㅏㅏㅏㅏ

※ 다음 〈조건〉을 보고 ?에 들어갈 문자를 고르시오. [17~18]

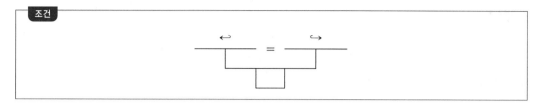

17

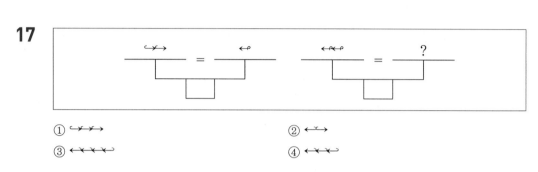

① ↪↦→
② ←↱→
③ ←↤↦↤→
④ ←↤↤→

18

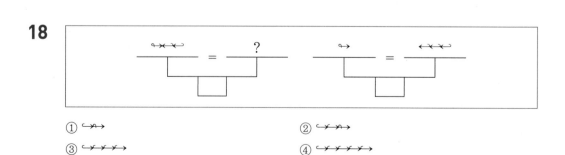

① ↪→
② ↪↦→
③ ↪↦↦→
④ ↪↦↦↦→

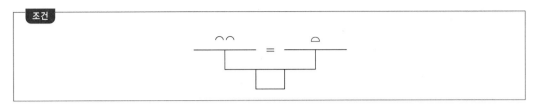

19

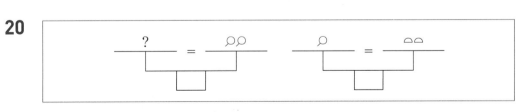

① ⌒⌒

② ⌒⌒⌒

③ ⌒⌒⌒

④ ⌒⌒⌒

20

① ⌒⌒⌒⌒

② ⌒⌒⌒⌒⌒⌒

③ ⌒⌒⌒⌒⌒

④ ⌒⌒⌒

※ 제시문 A를 읽고, 제시문 B가 참인지 거짓인지 혹은 알 수 없는지 고르시오. [21~25]

21

[제시문 A]
• 부모에게 칭찬을 많이 받은 사람은 인간관계가 원만하다.
• 인간관계가 원만한 모든 사람은 긍정적으로 사고한다.

[제시문 B]
부모에게 칭찬을 많이 받은 주영이는 사고방식이 긍정적이다.

① 참   ② 거짓   ③ 알 수 없음

22

[제시문 A]
• 게으른 사람은 항상 일을 미룬다.
• 일을 미루는 사람은 목표를 달성하지 못한다.

[제시문 B]
목표를 달성하지 못한 사람은 게으른 사람이다.

① 참   ② 거짓   ③ 알 수 없음

23

[제시문 A]
- 미세먼지 가운데 $2.5\mu m$ 이하의 입자는 초미세먼지이다.
- 초미세먼지는 호흡기에서 걸러낼 수 없다.

[제시문 B]
$2.4\mu m$입자의 미세먼지는 호흡기에서 걸러낼 수 없다.

① 참   ② 거짓   ③ 알 수 없음

PART 2

24

[제시문 A]
- A는 원형 홀케이크의 절반을 가져갔다.
- B는 A가 가져가고 남은 케이크의 절반을 가져갔다.
- C는 B가 가져가고 남은 케이크의 3분의 2를 가져갔다.

[제시문 B]
D가 남은 케이크를 전부 가져갔다면 B가 가져간 양의 3분의 1이다.

① 참   ② 거짓   ③ 알 수 없음

25

[제시문 A]
- 갑이 시험에 통과한다면, 을은 시험에 통과하지 못한다.
- 병이 시험에 통과한다면, 을도 시험에 통과한다.
- 정이 시험에 통과하지 못한다면, 병은 시험에 통과한다.

[제시문 B]
- 정이 시험에 통과하지 못한다면, 갑도 시험에 통과하지 못한다.

① 참   ② 거짓   ③ 알 수 없음

• 자동차는 마차보다 빠르다.
• 비행기는 자동차보다 빠르다.
• 자동차는 마차보다 무겁다.

26 비행기가 가장 무겁다.

① 참   ② 거짓   ③ 알 수 없음

27 비행기, 자동차, 마차 순으로 속도가 빠르다.

① 참   ② 거짓   ③ 알 수 없음

• 어떤 마을에 A ~ E 다섯 채의 집이 순서대로 있다.
• A ~ E집에는 각각 다른 애완동물(햄스터, 고슴도치, 앵무새, 고양이, 강아지)이 한 마리씩 있다.
• 고슴도치를 키우는 집의 오른쪽 집에서는 앵무새를 키운다.
• E집에서는 강아지를 키우지 않는다.
• 고양이를 키우는 집은 B이다.

28 A집에서는 햄스터를 키운다.

① 참   ② 거짓   ③ 알 수 없음

29 D집에서는 고슴도치를 키운다.

① 참   ② 거짓   ③ 알 수 없음

30 C집에서 고슴도치를 키운다면, E집에서는 햄스터를 키운다.

① 참   ② 거짓   ③ 알 수 없음

※ 다음 명제가 모두 참일 때, 반드시 참인 명제를 고르시오. [31~40]

31

> • A고등학교 학생은 봉사활동을 해야 졸업한다.
> • 이번 학기에 봉사활동을 하지 않은 A고등학교 학생이 있다.

① A고등학교 졸업생은 봉사활동을 했다.
② 봉사활동을 안 한 A고등학교 졸업생이 있다.
③ 다음 학기에 봉사활동을 해야 하는 A고등학교 학생이 있다.
④ 이번 학기에 봉사활동을 하지 않은 A고등학교 학생은 이미 봉사활동을 했다.

32

> • 축구를 좋아하는 사람은 골프를 좋아하지 않는다.
> • 야구를 좋아하는 사람은 골프를 좋아한다.
> • 야구를 좋아하지 않는 사람은 농구를 좋아한다.
> • 야구를 좋아하는 사람은 다정하다.
> • 농구를 좋아하지 않는 사람은 친절하다.
> • 한영이는 축구를 좋아한다.

① 한영이는 골프를 좋아한다.
② 한영이는 농구를 좋아한다.
③ 한영이는 야구를 좋아한다.
④ 한영이는 다정하다.

33

> • 마케팅 팀의 사원은 기획 역량이 있다.
> • 마케팅 팀이 아닌 사원은 영업 역량이 없다.
> • 기획 역량이 없는 사원은 소통 역량이 없다.

① 마케팅 팀의 사원은 영업 역량이 있다.
② 소통 역량이 있는 사원은 마케팅 팀이다.
③ 영업 역량을 가진 사원은 기획 역량이 있다.
④ 기획 역량이 있는 사원은 소통 역량이 있다.

34

- 재현이가 춤을 추면 서현이나 지훈이가 춤을 춘다.
- 재현이가 춤을 추지 않으면 종열이가 춤을 춘다.
- 종열이가 춤을 추지 않으면 지훈이도 춤을 추지 않는다.
- 종열이는 춤을 추지 않았다.

① 재현이만 춤을 추었다.
② 서현이만 춤을 추었다.
③ 지훈이만 춤을 추었다.
④ 재현이와 서현이 모두 춤을 추었다.

35

- 현수의 좌석은 지연이와 주현이의 좌석보다 무대와 가깝다.
- 재현이의 좌석은 지연이의 좌석보다 앞이고, 형호의 좌석보다는 뒤이다.
- 무대와 형호의 좌석 간 거리는 무대와 현수의 좌석 간 거리보다 길다.
- 주현이의 좌석이 무대와 가장 멀리 떨어져 있다.

① 형호는 현수와 재현 사이의 좌석을 예매했다.
② 형호는 현수 바로 뒤의 좌석을 예매했다.
③ 형호는 재현이와 지연 사이의 좌석을 예매했다.
④ 현수는 다섯 중 가장 뒤쪽 열의 좌석을 예매했다.

36

- 어떤 남자는 경제학을 좋아한다.
- 경제학을 좋아하는 모든 남자는 국문학을 좋아한다.
- 국문학을 좋아하는 모든 남자는 영문학을 좋아한다.

① 경제학을 좋아하는 어떤 남자는 국문학을 싫어한다.
② 영문학을 좋아하는 사람은 모두 남자이다.
③ 어떤 남자는 영문학을 좋아한다.
④ 국문학을 좋아하는 모든 남자는 경제학을 좋아한다.

37

- 수학 수업을 듣지 않는 학생들은 국어 수업을 듣지 않는다.
- 모든 학생들은 국어 수업을 듣는다.
- 수학 수업을 듣는 어떤 학생들은 영어 수업을 듣는다.

① 모든 학생들은 영어 수업을 듣는다.
② 모든 학생들은 국어, 수학, 영어 수업을 듣는다.
③ 어떤 학생들은 국어와 영어 수업만 듣는다.
④ 어떤 학생들은 국어, 수학, 영어 수업을 듣는다.

38

- 설현, 보민, 석정이 서로의 가방을 들어주기로 했다.
- 아무도 자기 가방을 든 사람은 없다.
- 설현은 보민의 가방을 들지 않았다.
- 석정은 설현의 가방을 들지 않았다.

① 보민은 석정의 가방을 들었다.
② 석정은 보민의 가방을 들었다.
③ 설현은 석정의 가방을 들지 않았다.
④ 보민은 설현의 가방을 들지 않았다.

39

- 캐러멜 마키아토를 좋아하는 사람들은 카푸치노를 좋아한다.
- 카페모카를 좋아하는 사람은 아메리카노를 싫어한다.
- 아메리카노를 좋아하는 사람은 캐러멜 마키아토를 좋아한다.

① 아메리카노를 싫어하는 사람은 카페모카를 좋아한다.
② 카푸치노를 좋아하는 사람은 캐러멜 마키아토를 좋아한다.
③ 카푸치노를 싫어하는 사람은 캐러멜 마키아토를 싫어한다.
④ 아메리카노를 싫어하는 사람은 캐러멜 마키아토를 싫어한다.

40

- 어떤 여자는 바다를 좋아한다.
- 바다를 좋아하는 모든 여자는 직업이 선생님이다.
- 직업이 선생님인 모든 여자는 슬기롭다.

① 바다를 좋아하는 어떤 여자는 직업이 선생님이 아니다.
② 직업이 선생님인 사람은 여자이다.
③ 바다를 좋아하는 사람은 모두 여자이다.
④ 어떤 여자는 슬기롭다.

| 03 | 지각능력검사

※ 제시된 문자와 동일한 문자를 〈보기〉에서 찾아 고르시오(단, 가장 왼쪽 문자를 시작 지점으로 한다).
  [1~4]

보기

vii   xi   ix   VI   VIII   XII   iv   ii

01

VI

① 2번째   ② 4번째
③ 5번째   ④ 7번째

02

ii

① 2번째   ② 3번째
③ 7번째   ④ 8번째

03

xi

① 1번째   ② 2번째
③ 3번째   ④ 7번째

04

XII

① 1번째   ② 4번째
③ 5번째   ④ 6번째

※ 제시된 문자와 동일한 문자를 〈보기〉에서 찾아 고르시오(단, 가장 왼쪽 문자를 시작 지점으로 한다).
  [5~8]

보기
Φ Ξ Π Ω Δ Θ Γ Ψ

05

Γ

① 1번째　　　　　　　　② 2번째
③ 6번째　　　　　　　　④ 7번째

06

Δ

① 1번째　　　　　　　　② 2번째
③ 3번째　　　　　　　　④ 5번째

07

Θ

① 4번째　　　　　　　　② 6번째
③ 7번째　　　　　　　　④ 8번째

08

Ξ

① 2번째　　　　　　　　② 3번째
③ 4번째　　　　　　　　④ 8번째

※ 제시된 문자와 동일한 문자를 〈보기〉에서 찾아 고르시오(단, 가장 왼쪽 문자를 시작 지점으로 한다).
  [9~12]

보기

☆　▶　♡　▽　◉　◼　◑　◐

09

| ▶ |

① 2번째　　　　　　② 4번째
③ 5번째　　　　　　④ 7번째

10

| ◑ |

① 5번째　　　　　　② 6번째
③ 7번째　　　　　　④ 8번째

11

| ♡ |

① 1번째　　　　　　② 3번째
③ 5번째　　　　　　④ 6번째

12

| ◼ |

① 3번째　　　　　　② 4번째
③ 5번째　　　　　　④ 6번째

※ 제시된 문자와 동일한 문자를 〈보기〉에서 찾아 고르시오(단, 가장 왼쪽 문자를 시작 지점으로 한다).
[13~16]

◔ ◳ ◔ ◕ ◱ ◲ ◓ ◰

13

◲

① 2번째   ② 4번째
③ 5번째   ④ 6번째

14

◳

① 2번째   ② 5번째
③ 6번째   ④ 8번째

15

◔

① 1번째   ② 4번째
③ 6번째   ④ 8번째

16

◕

① 3번째   ② 4번째
③ 6번째   ④ 7번째

※ 제시된 문자와 동일한 문자를 〈보기〉에서 찾아 고르시오(단, 가장 왼쪽 문자를 시작 지점으로 한다).
　[17~20]

보기

≋　♥　☆　✈　♀　☽　✡　🦝

17

☆

① 3번째 　　　　　　　② 5번째
③ 6번째 　　　　　　　④ 7번째

18

☽

① 1번째 　　　　　　　② 3번째
③ 6번째 　　　　　　　④ 8번째

19

♥

① 2번째 　　　　　　　② 4번째
③ 6번째 　　　　　　　④ 8번째

20

🦝

① 4번째 　　　　　　　② 5번째
③ 7번째 　　　　　　　④ 8번째

※ 다음 중 제시된 도형과 같은 것을 고르시오(단, 도형은 회전만 가능하다). [21~25]

21

①

②

③

④

22

①

②

③

④

23

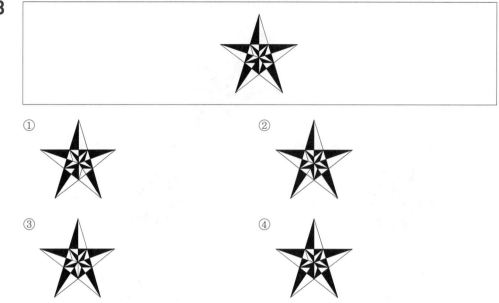

24

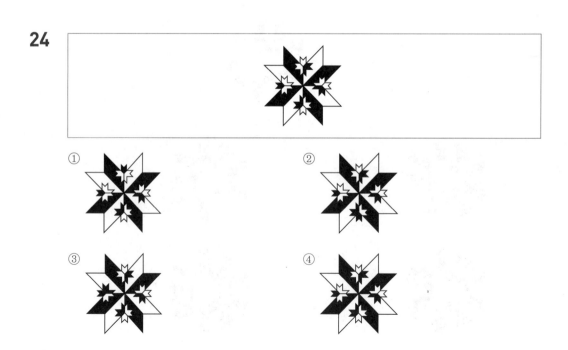

25

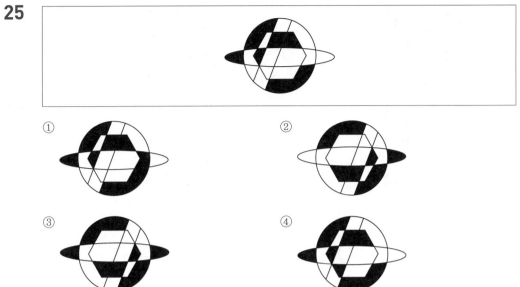

※ 다음 중 나머지 도형과 다른 것을 고르시오. [26~30]

26

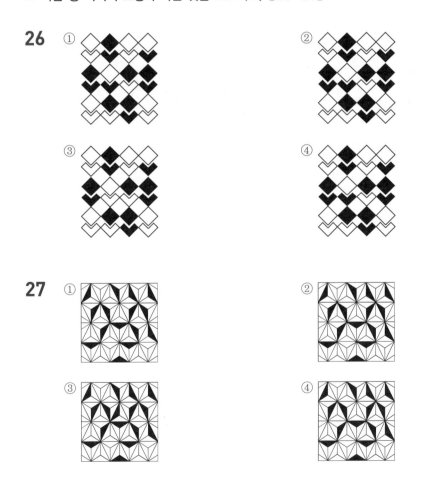

28 ①  ②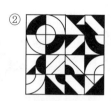

③   ④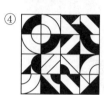

29 ①  ②

③  ④

30 ①  ②

③  ④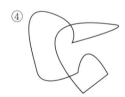

※ 다음과 같은 모양을 만드는 데 사용된 블록의 개수를 고르시오(단, 보이지 않는 곳의 블록은 있다고 가정한다). **[31~40]**

31

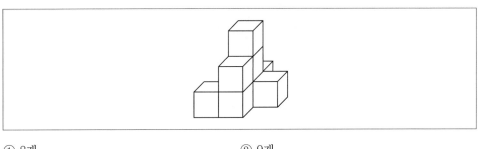

① 8개   ② 9개

③ 10개   ④ 11개

32

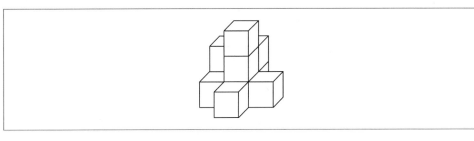

① 10개   ② 11개

③ 12개   ④ 13개

33

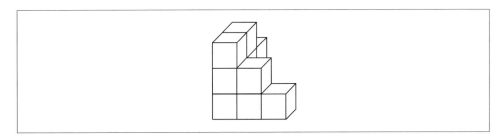

① 10개   ② 11개

③ 12개   ④ 13개

34

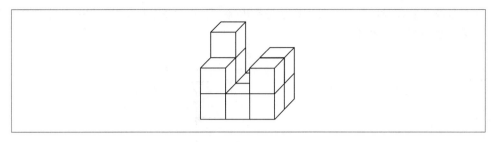

① 10개   ② 11개

③ 12개   ④ 13개

35

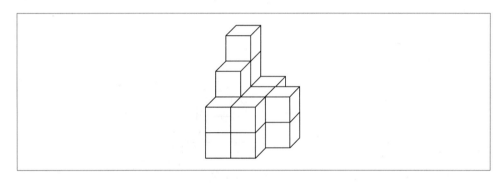

① 15개   ② 16개

③ 17개   ④ 18개

36

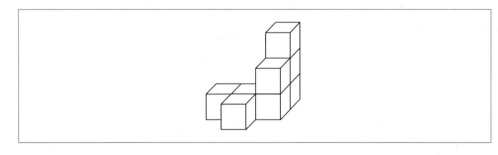

① 8개   ② 9개

③ 10개   ④ 11개

37

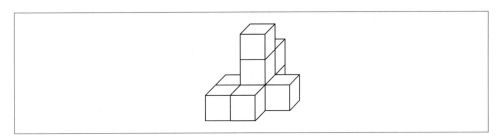

① 7개 ② 8개
③ 9개 ④ 10개

38

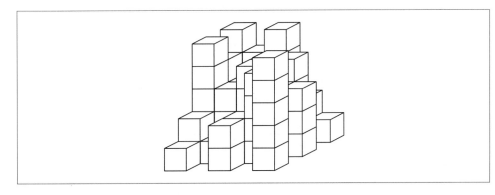

① 67개 ② 64개
③ 63개 ④ 62개

39

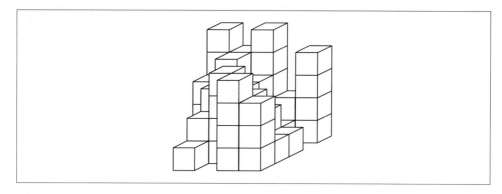

① 62개   ② 61개

③ 58개   ④ 59개

40

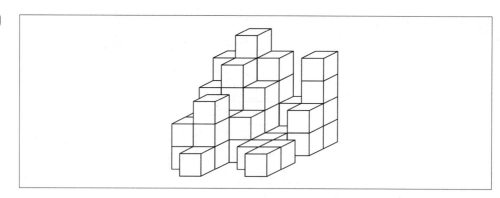

① 52개   ② 50개

③ 49개   ④ 48개

앞선 정보 제공! 도서 업데이트

언제, 왜 업데이트될까?

도서의 학습 효율을 높이기 위해 자료를 추가로 제공할 때!
공기업 · 대기업 필기시험에 변동사항 발생 시 정보 공유를 위해!
공기업 · 대기업 채용 및 시험 관련 중요 이슈가 생겼을 때!

01 SD에듀 도서
www.sdedu.co.kr/book
홈페이지 접속

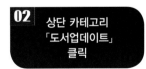

02 상단 카테고리
「도서업데이트」
클릭

03 해당
기업명으로
검색

참고자료, 시험 개정사항 등 정보 제공으로 학습효율을 높여 드립니다.

더 이상의
고졸/전문대졸 필기시험 시리즈는
없다!

알차다
꼭 알아야 할 내용을
담고 있으니까

친절하다
핵심 내용을 쉽게
설명하고 있으니까

핵심을
뚫는다
시험 유형과 유사한
문제를 다루니까

명쾌하다
상세한 풀이로 완벽하게
익힐 수 있으니까

성공은
나를 응원하는 사람으로부터 시작됩니다.

SD에듀가 당신을 힘차게 응원합니다.

GSAT

Global Samsung Aptitude Test

5급 고졸채용

최종모의고사 7회분

정답 및 해설

SD에듀
(주)시대고시기획

CHAPTER 02 2023년 상반기 기출복원문제

| 01 | 수리능력검사

01	02	03	04	05	06	07	08		
③	④	③	④	②	④	③	④		

01
정답 ③

$5,322 \times 2 + 3,190 \times 3$
$= 10,644 + 9,570$
$= 20,214$

02
정답 ④

$5^3 - 4^3 - 2^2 + 7^3$
$= (125 + 343) - (64 + 4)$
$= 468 - 68$
$= 400$

03
정답 ③

$654,321 - 123,456 + 456,456 - 136,321$
$= 530,865 + 320,135$
$= 851,000$

04
정답 ④

버스를 타고 간 거리를 x km, 기차를 타고 온 거리를 y km라고 하자.

$\begin{cases} \dfrac{x}{70} + \dfrac{y}{120} = 5 \\ y = x + 30 \end{cases} \rightarrow \begin{cases} 12x + 7y = 4,200 \\ y = x + 30 \end{cases}$

$\therefore\ x = 210,\ y = 240$

따라서 기차를 타고 온 거리는 240km이다.

05
정답 ②

식탁 1개와 의자 2개를 구매하는 금액의 합은 $20 + (10 \times 2) = 40$만 원이고, 30만 원 이상 구매 시 10% 할인이므로 총 금액은 $40 \times 0.9 = 36$만 원이다.

가구를 구매하고 남은 돈은 $50 - 36 = 14$만 원이고 장미꽃 한 송이 당 가격은 6,500원이다.

따라서 $14 \div 0.65 = 21.53\cdots$이므로 남은 돈으로 장미꽃 21송이를 살 수 있다.

06
정답 ④

A를 포함하는 모든 경우의 수는 $_6C_2 = 15$이고 B를 포함하지 않으면서 C를 포함하는 경우의 수는 $_5C_2 = 10$이다.

따라서 $a + b = 15 + 10 = 25$이다.

07
정답 ③

기계가 1대씩 늘어날수록 생산할 수 있는 제품 개수는 2개씩 늘어난다. 이를 첫째 항 $a = 5$이고, 공차 $d = 2$인 등차수열로 나타내면 $a_n = a + d(n-1) \rightarrow a_n = 5 + 2(n-1) \rightarrow a_n = 2n + 3$이 된다.

따라서 기계 30대를 사용하여 생산할 수 있는 제품의 개수는 $a_{30} = 2 \times 30 + 3 = 63$개이다.

08
정답 ④

ㄴ. 전체 무료급식소 봉사자 중 40·50대는 $274 + 381 = 655$명으로 전체 1,115명의 절반 이상이다.

ㄹ. 전체 노숙자쉼터 봉사자는 800명으로 이중 30대는 118명이다.

따라서 노숙자쉼터 봉사자 중 30대가 차지하는 비율은 $\dfrac{118}{800} \times 100 = 14.75\%$이다.

[오답분석]

ㄱ. 전체 보육원 봉사자는 총 2,000명으로 이 중 30대 이하 봉사자는 $148 + 197 + 405 = 750$명이다.

따라서 전체 보육원 봉사자 중 30대 이하가 차지하는 비율은 $\dfrac{750}{2,000} \times 100 = 37.5\%$이다.

ㄷ. 전체 봉사자 중 50대의 비율은 $\dfrac{1,600}{5,000} \times 100 = 32\%$이고, 20대의 비율은 $\dfrac{650}{5,000} \times 100 = 13\%$이다.

따라서 전체 봉사자 중 50대의 비율은 20대의 약 $\dfrac{32}{13} ≒ 2.5$배이다.

| 02 | 추리능력검사

01	02	03	04	05	06				
④	③	③	④	②	④				

01
정답 ④

제시된 조건에 따르면 \$￥￥＝￦￦￦￥￥＝￦￥￥￥￥￥
이므로 ?에 들어갈 문자는 ④이다.

02
정답 ③

제시된 조건에 따르면 ￠￠￠＝￥￥￥￥￥￥￥￥￥＝￦￦￦
￥￥￥이므로 ?에 들어갈 문자는 ③이다.

03
정답 ③

제시된 조건에 따르면 ₩₩₩┼＝┼┼┼┼┼┼┼┼┼┼┼＝₩₩₩┼
┼┼이므로 ?에 들어갈 문자는 ③이다.

04
정답 ④

제시된 조건에 따르면 ✕✕✕✕＝┼┼┼┼┼┼┼┼┼＝┼┼┼┼
┼┼┼┼┼┼이므로 ?에 들어갈 문자는 ④이다.

05
정답 ②

주어진 조건에 따라 월～금의 평균 낮 기온을 정리하면 다음
과 같다.

월	화	수	목	금	평균
25도	26도	23도		25도	25도

이번 주 월～금의 평균 낮 기온은 25도이므로 목요일의 낮
기온을 구하면 다음과 같다.
$$\frac{25+26+23+25+x}{5}=25 \rightarrow x=25\times5-99=26$$
따라서 목요일의 낮 기온은 평균 26도로 예상할 수 있다.

06
정답 ④

지후의 키는 178cm, 시후의 키는 181cm, 재호의 키는
176cm로, 키가 큰 순서대로 나열하면 '시후 – 지후 – 재호'
의 순이다.

| 03 | 지각능력검사

01	02	03	04	05	06				
①	①	④	③	④	③				

01
정답 ①

Ψ은 2번째에 제시된 문자이므로 정답은 ①이다.

02
정답 ①

￠은 1번째에 제시된 문자이므로 정답은 ①이다.

03
정답 ④

△은 5번째에 제시된 문자이므로 정답은 ④이다.

04
정답 ③

ㅍ은 6번째에 제시된 문자이므로 정답은 ③이다.

05
정답 ④

오답분석

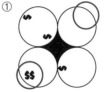 

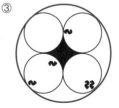

06
정답 ③

PART 1

무언가를 위해 목숨을 버릴 각오가 되어 있지 않는 한
그것이 삶의 목표라는 어떤 확신도 가질 수 없다.

− 체 게바라 −

PART

2

최종모의고사

제1회 최종모의고사

| 01 | 수리능력검사

01	02	03	04	05	06	07	08	09	10
③	④	②	④	①	①	④	④	③	②
11	12	13	14	15	16	17	18	19	20
④	①	④	②	③	④	④	③	②	②
21	22	23	24	25	26	27	28	29	30
①	①	①	④	④	①	③	①	②	③
31	32	33	34	35	36	37	38	39	40
②	④	④	②	③	①	③	④	③	①

01 　정답 ③

$545 - 245 - 247 + 112$
$= 657 - 492$
$= 165$

02 　정답 ④

$512,745 - 425,427 + 23,147$
$= 535,892 - 425,427$
$= 110,465$

03 　정답 ②

$454 + 65 \times 6 + 47$
$= 501 + 390$
$= 891$

04 　정답 ④

$1,314 \div 2^2 + 1,530 \div 60$
$= 328.5 + 25.5$
$= 354$

05 　정답 ①

$445 \div 25 - 256 \div 20$
$= 17.8 - 12.8$
$= 5$

06 　정답 ①

$43 \times 34 - 1,020 - 45$
$= 1,462 - 1,065$
$= 397$

07 　정답 ④

$311 \times 4 - 113 \times 4$
$= 1,244 - 452$
$= 792$

08 　정답 ④

$120 \times 2 + 240 \times 4$
$= 240 + 960$
$= 1,200$

09 　정답 ③

$21 \times 44 + 646 - 887$
$= 924 + 646 - 887$
$= 1,570 - 887$
$= 683$

10 　정답 ②

$(0.983 - 0.42 \times 2) + 0.169$
$= (0.983 - 0.84) + 0.169$
$= 0.143 + 0.169$
$= 0.312$

11

정답 ④

$44\times21-45\times22+46\times23$
$=924-990+1,058$
$=1,982-990$
$=992$

12

정답 ①

$545\times78-564\times67$
$=42,510-37,788$
$=4,722$

13

정답 ④

$47\times5+247\times2$
$=235+494$
$=729$

14

정답 ②

$12,312+2,322\div2+123$
$=12,435+1,161$
$=13,596$

15

정답 ③

$8,787-3,455+2,131$
$=10,918-3,455$
$=7,463$

16

정답 ④

$783+577-572-341$
$=1,360-913$
$=447$

17

정답 ④

$1,310+1,034+2,210-3,310$
$=4,554-3,310$
$=1,244$

18

정답 ③

$44+23-4^3$
$=67-64$
$=3$

19

정답 ②

$1,242+4,524\div87-46$
$=1,196+52$
$=1,248$

20

정답 ②

$1,134-0.2\times500+773$
$=1,907-100$
$=1,807$

21

정답 ①

두 사람이 걸은 거리의 합은 24km이므로 세화가 걸은 거리의 길이를 $x$km, 성현이가 걸은 거리의 길이를 $y$km라고 하면

$$\begin{cases} x+y=24 \\ \dfrac{x}{5}=\dfrac{y}{3} \end{cases} \rightarrow \begin{cases} x+y=24 \\ 3x-5y=0 \end{cases} \rightarrow x=15,\ y=9$$

따라서 세화가 걸은 거리는 15km이다.

22

정답 ①

세현이가 처음 20분 동안 24km/h로 달린 거리는 $24\times\dfrac{20}{60}$

$=8$km이고, 이후 20분간 달린 거리는 $12\times\dfrac{20}{60}=4$km이다.

따라서 세현이가 40분 동안 달린 거리는 $8+4=12$km이다.
한편, 현수가 20분 동안 달린 속력을 $x$km/h라 하면 나중 속력은 $2x$km/h이고 두 사람이 40분간 달린 거리는 같으므로

$x\times\dfrac{20}{60}+2x\times\dfrac{20}{60}=12 \rightarrow x=12$

따라서 현수의 처음 속력은 12kn/h이다.

23

정답 ①

2월 5일에서 8월 15일까지는 총 $24+31+30+31+30+31+15=192$일이다. 이를 7로 나누면 $192\div7=27 \cdots 3$이므로 8월 13일의 이전 날인 8월 12일이 수요일이다.
따라서 8월 15일은 토요일이다.

24 정답 ④

문제 B를 맞힐 확률을 p라 하면

$$\left(1-\frac{3}{5}\right) \times p = \frac{24}{100}$$

$$\frac{2}{5}p = \frac{6}{25} \rightarrow p = \frac{3}{5}$$

따라서 문제 A는 맞히고 문제 B는 맞히지 못할 확률은

$\left(1-\frac{3}{5}\right) \times \left(1-\frac{3}{5}\right) = \frac{4}{25}$ 이므로 16%이다.

25 정답 ④

10명의 학생 중에서 임의로 2명을 뽑는 경우의 수는 $_{10}C_2 =$
45가지이다.

- 뽑힌 2명의 학생의 혈액형이 모두 A형인 경우의 수
  : $_2C_2 =$1가지
- 뽑힌 2명의 학생의 혈액형이 모두 B형인 경우의 수
  : $_3C_2 =$3가지
- 뽑힌 2명의 학생의 혈액형이 모두 O형인 경우의 수
  : $_5C_2 =$10가지

따라서 뽑은 2명의 학생의 혈액형이 다를 경우의 수는 45-
(1+3+10)=31가지이다.

26 정답 ①

작년 여사원의 수를 x명이라 하면 남사원의 수는 $(820-x)$
명이므로

$$\frac{8}{100}(820-x) - \frac{10}{100}x = -10$$

$$\therefore x = 420$$

따라서 올해 여사원의 수는 $\frac{90}{100} \times 420 = 378$명이다.

27 정답 ③

작년 A, B제품의 생산량을 각각 a, b라고 하면
$a+b=1,000 \rightarrow a=1,000-b \cdots$ ㉠
올해 A제품의 생산량을 2%, B제품의 생산량을 3% 증가시켜
총 1,024개를 생산하면
$(a \times 1.02)+(b \times 1.03)=1,024 \cdots$ ㉡
㉠과 ㉡을 연립하면
$\{(1,000-b) \times 1.02\}+(b \times 1.03)=1,024$
$1,020-1.02b+1.03b=1,024 \rightarrow 0.01b=4$
$\therefore b=400$
따라서 올해 B제품의 생산 수량은 $400 \times 1.03 = 412$개이다.

28 정답 ①

첫 번째 조건에서
$x+7 \geq 4x-5 \rightarrow x \leq 4 \cdots$ ㉠
두 번째 조건에서
$\frac{x-4}{2} \leq 3x+7 \rightarrow x \geq -\frac{18}{5} \cdots$ ㉡

㉠, ㉡의 공통범위는 $-\frac{18}{5} \leq x \leq 4$이다.

따라서 범위 안의 자연수를 작은 순서대로 나열하면 1, 2, 3,
4이다.

29 정답 ②

소금물 A의 농도를 x%, 소금물 B의 농도를 y%라고 하면

$$\begin{cases} \frac{x}{100} \times 100 + \frac{y}{100} \times 100 = \frac{10}{100} \times 200 \\ \frac{x}{100} \times 100 + \frac{y}{100} \times 300 = \frac{9}{100} \times 400 \end{cases}$$

즉, $\begin{cases} x+y=20 \\ x+3y=36 \end{cases}$

$\therefore x=12$, $y=8$

따라서 소금물 A의 농도는 12%이다.

30 정답 ③

불만족을 선택한 고객을 x명, 만족을 선택한 고객을 $(100-$
$x)$명이라 하자.
고객관리 점수가 80점 이상이 되려면 x의 최댓값은 $3 \times (100$
$-x)-4x \geq 80 \rightarrow 300-80 \geq 7x \rightarrow x \leq 31.4$이므로 최대
31명의 고객까지 불만족을 받으면 된다.

31 정답 ②

2022년 1분기는 2021년 1분기 방문객 수 대비 2.8% 감소하
였으므로 방문객 수는 $1,810,000 \times (1-0.028)=1,759,320$
$\fallingdotseq 1,760,000$명이다.

방문객 수 비율은 2020년이 100이므로 $\frac{1,760,000}{1,750,000} \times 100$

$\fallingdotseq 100$이다.

32 정답 ④

연도별 성인 참여율과 전년 대비 참여 증가율은 아래와 같다.

(단위 : %)

연도	2018년	2019년	2020년	2021년	2022년
참여율	6.4	6.8	5.2	4.9	3.2
참여 증가율	–	7.8	−21.7	−5.6	−34.8

ㄱ. 성인 참여율은 2019년도가 6.8%로 가장 높다.

ㄴ. 2020년도 참여율은 5.2%로 2021년도 참여율 4.9%보다 높다.

오답분석

ㄷ. 자원봉사 참여 인구는 2019년도에 증가 후 계속 감소하였으므로 참여 증가율이 가장 높은 해는 2019년도이며, 참여 증가율이 가장 낮은 해는 2022년이다.

ㄹ. 2018년부터 2021년까지의 자원봉사에 참여한 성인 인구 수는 $2,667,575 + 2,874,958 + 2,252,287 + 2,124,110 = 9,918,930$명으로 천만 명 이하이다.

33   정답 ④

2021년 관광수입이 가장 많은 국가는 중국(44,400백만 달러)이며, 가장 적은 국가는 한국(17,300백만 달러)이다. 각 국가의 2022년 관광지출 대비 관광수입 비율을 계산하면 다음과 같다.

- 한국 : $\dfrac{13,400}{30,600} \times 100 \fallingdotseq 43.8\%$

- 중국 : $\dfrac{32,600}{257,700} \times 100 \fallingdotseq 12.7\%$

따라서 두 국가의 비율 차이는 $43.8 - 12.7 = 31.1\%$p이다.

34   정답 ②

2022년 4/4분기의 생활물가지수가 95.9포인트라면, 총합은 407포인트이므로 이를 4분기로 나누면 101.75포인트이다. 따라서 상승지수는 2포인트 미만이다.

오답분석

① 2021년 소비자물가지수 분기 총합이 401.4로, 1분기당 평균 100.35이므로 2005년 지수 100과 거의 같다고 할 수 있다.

③ 2019년 이후 분기마다 지수가 약간씩 상승하고 있으므로 매년 상승했다.

④ 2021년에는 소비자물가지수(401.4)가 생활물가지수(400.7)보다 약 0.7포인트 높으므로 올바른 판단이다.

35   정답 ③

1977 ~ 2012년 동안 65세 연령의 성별 기대여명과 OECD 평균 기대여명과의 연도별 격차는 다음과 같다.

- 남성
  - 1977년 : $12.7 - 10.2 = 2.5$년
  - 2002년 : $14.7 - 13.4 = 1.3$년
  - 2012년 : $16.3 - 15.5 = 0.8$년

- 여성
  - 1977년 : $15.6 - 14.9 = 0.7$년
  - 2002년 : $18.4 - 17.5 = 0.9$년
  - 2012년 : $19.8 - 19.6 = 0.2$년

따라서 격차는 여성보다 남성이 더 크므로 옳지 않은 설명이다.

오답분석

① 65세, 80세 여성의 기대여명은 2022년 이전까지 모두 OECD 평균보다 낮았으나, 2022년에 OECD 평균보다 모두 높아진 것을 확인할 수 있다.

② 연도별 80세 남성의 기대여명과 OECD 평균과의 격차는 다음과 같다.

- 1977년 : $5.7 - 4.7 = 1.0$년
- 2002년 : $6.6 - 6.1 = 0.5$년
- 2012년 : $7.3 - 6.9 = 0.4$년
- 2022년 : $8.3 - 8.0 = 0.3$년

따라서 80세 남성의 기대여명은 1977 ~ 2022년 동안 OECD 평균과의 격차가 꾸준히 줄어들었다.

④ 연령별 및 연도별 남성의 기대여명보다 여성의 기대여명이 더 높은 것을 확인할 수 있다.

36   정답 ①

각 파일 종류에 따라 필요한 용량을 구하면 다음 표와 같다.

저장파일 종류	용량	개수	용량 합계
한글	120KB	16개	1,920KB
한글	300KB	3개	900KB
엑셀	35KB	24개	840KB
PDF	2,500KB	10개	25,000KB
파워포인트	1,300KB	4개	5,200KB

총용량은 $1,920 + 900 + 840 + 25,000 + 5,200 = 33,860$KB 이므로, 이를 단위 MB로 환산하면 $\dfrac{33,860}{1,020} \fallingdotseq 33.2$MB가 된다.

37   정답 ③

2022년 X지역과 Y지역의 매출합계는 3,396억 원이므로 $3,396 \times 0.65 = 2,207.4$억 원이다.

따라서 2022년 Z지역의 매출은 동년 X지역과 Y지역 매출 합계의 65% 이상이다.

오답분석

① X지역의 2022년 매출은 1,795억 원이고, 2021년 매출은 2,001억 원이므로 증감률을 구하면 다음과 같다.

$$\dfrac{1,795 - 2,001}{2,001} \times 100 \fallingdotseq -10.29\%$$

따라서 2022년 매출은 전년 대비 10% 이상 감소하였다.

② X지역의 연도별 증감률을 구하면 다음과 같다.

- 2019년 : $\frac{1,680-1,751}{1,751} \times 100 ≒ -4.05\%$

- 2020년 : $\frac{2,121-1,680}{1,680} \times 100 = 26.25\%$

- 2021년 : $\frac{2,001-2,121}{2,121} \times 100 ≒ -5.66\%$

- 2022년 : $\frac{1,795-2,001}{2,001} \times 100 ≒ -10.29\%$

따라서 전년 대비 증감률이 가장 적은 연도는 2019년이다.

④ Z지역의 2018년 매출은 1,947억 원이고, 2022년 매출은 2,412억 원이다. 2,412×0.7=1,688.4억 원이므로 2018년 매출은 2022년 매출의 70% 이상이다.

38 정답 ④

제1차 시험 대비 제2차 시험 합격률의 증가율은 다음과 같다.

$\dfrac{\text{제2차 시험 합격률} - \text{제1차 시험 합격률}}{\text{제1차 시험 합격률}} \times 100$

$= \dfrac{\left(\dfrac{17,325}{75,000} \times 100\right) - \left(\dfrac{32,550}{155,000} \times 100\right)}{\left(\dfrac{32,550}{155,000} \times 100\right)} \times 100$

$= \dfrac{23.1 - 21}{21} \times 100$

$= \dfrac{2.1}{21} \times 100$

$= 10\%$

39 정답 ③

A의 식단을 끼니별로 나누어 칼로리를 계산하면 다음과 같다.

구분	식단
아침	유유식빵 280kcal, 사과잼 110kcal, 블루베리 30kcal
점심	현미밥 360kcal, 갈비찜 597kcal, 된장찌개 88kcal, 버섯구이 30kcal, 시금치나물 5kcal
저녁	현미밥 180kcal, 미역국 176kcal, 고등어구이 285kcal, 깍두기 50kcal, 연근조림 48kcal

따라서 하루에 섭취하는 열량은 280+110+30+360+597+88+30+5+180+176+285+50+48=2,239kcal이다.

40 정답 ①

ㄱ. 연도별 층간소음 분쟁은 2018년 430건, 2019년 520건, 2020년 860건, 2021년 1,280건이다.

ㄴ. 2019년 전체 분쟁신고에서 각 항목이 차지하는 비중을 구하면 다음과 같다.

- 2019년 전체 분쟁신고 건수
  : 280+60+20+10+110+520=1,000건

- 관리비 회계 분쟁 : $\frac{280}{1,000} \times 100 = 28\%$

- 입주자대표회의 운영 분쟁 : $\frac{60}{1,000} \times 100 = 6\%$

- 정보공개 관련 분쟁 : $\frac{20}{1,000} \times 100 = 2\%$

- 하자처리 분쟁 : $\frac{10}{1,000} \times 100 = 1\%$

- 여름철 누수 분쟁 : $\frac{110}{1,000} \times 100 = 11\%$

- 층간소음 분쟁 : $\frac{520}{1,000} \times 100 = 52\%$

오답분석

ㄷ. 연도별 분쟁 건수를 구하면 다음과 같다.
- 2018년 : 220+40+10+20+80+430=800건
- 2019년 : 280+60+20+10+110+520=1,000건
- 2020년 : 340+100+10+10+180+860=1,500건
- 2021년 : 350+120+30+20+200+1,280 =2,000건

이를 통해 전년 대비 아파트 분쟁 신고 증가율을 구하면 다음과 같다.

- 2019년 : $\frac{1,000-800}{800} \times 100 = 25\%$

- 2020년 : $\frac{1,500-1,000}{1,000} \times 100 = 50\%$

- 2021년 : $\frac{2,000-1,500}{1,500} \times 100 = 33\%$

따라서 증가율 수치가 모두 잘못 입력되어 있다.

ㄹ. 2019년 값이 2018년 값으로 잘못 입력되어 있다.

| 02 | 추리능력검사

01	02	03	04	05	06	07	08	09	10
③	①	②	②	①	④	①	①	③	②
11	12	13	14	15	16	17	18	19	20
③	②	②	①	①	③	②	②	④	③
21	22	23	24	25	26	27	28	29	30
③	①	②	①	①	①	③	①	③	③
31	32	33	34	35	36	37	38	39	40
④	③	④	④	④	②	①	④	②	④

01 정답 ③

제시된 조건에 따르면 ㉮㉯=㉯㉯㉯이므로 ?에 들어갈 문자는 ③이다.

02 정답 ①

제시된 조건에 따르면 ㉯㉱=㉯㉯=㉮이므로 ?에 들어갈 문자는 ①이다.

03 정답 ②

제시된 조건에 따르면 8点1点=4点4点1点=1点1点1点1点1点이므로 ?에 들어갈 문자는 ②이다.

04 정답 ②

제시된 조건에 따르면 20点=4点4点4点4点=1点1点1点1点1点1点1点이므로 ?에 들어갈 문자는 ②이다.

05 정답 ①

제시된 조건에 따르면 ▌▌ =▬▬▬▬=▬▬▬▬__ __이므로 ?에 들어갈 문자는 ①이다.

06 정답 ④

제시된 조건에 따르면 ▌▌=▬__▬__ =▬__ __ __ __ __이므로 ?에 들어갈 문자는 ④이다.

07 정답 ①

제시된 조건에 따르면 NNNN=AP=Pi이므로 ?에 들어갈 문자는 ①이다.

08 정답 ①

제시된 조건에 따르면 Fa=Pi=AP이므로 ?에 들어갈 문자는 ①이다.

09 정답 ③

제시된 조건에 따르면 ♬♬◖◗◖◗=◎◖◗◖◗=◎◎◖◗이므로 ?에 들어갈 문자는 ③이다.

10 정답 ②

제시된 조건에 따르면 ◖◗◖◗=◖◗◖◗◖◗◖◗◖◗◖◗=◎◎◎◎◎이므로 ?에 들어갈 문자는 ②이다.

11 정답 ③

제시된 조건에 따르면 ✋✋(6)=✋✋✋✋=(3)(3)✋✋이므로 ?에 들어갈 문자는 ③이다.

12 정답 ②

제시된 조건에 따르면 (9)(9)(9)=✋✋✋✋✋✋✋✋✋=(3)(3)(3)(3)(3)(3)(3)(3)(3)이므로 ?에 들어갈 문자는 ②이다.

13 정답 ②

제시된 조건에 따르면 ◑=●●=○○이므로 ?에 들어갈 문자는 ②이다.

14 정답 ①

제시된 조건에 따르면 ●●=◑=▲이므로 ?에 들어갈 문자는 ①이다.

15 정답 ①

제시된 조건에 따르면 ≒=∴∴=≡이므로 ?에 들어갈 문자는 ①이다.

16 정답 ③

제시된 조건에 따르면 ≡=∴∴=——이므로 ?에 들어갈 문자는 ③이다.

17 정답 ②

제시된 조건에 따르면 ⊕=⋈⋈과 ⊕=⬦⋉⬦에 따라 ⋈=⬦⋉이므로 ?에 들어갈 문자는 ②이다.

18 정답 ②

제시된 조건에 따르면 ⊕=⋈⋈=≂이므로 ?에 들어갈 문자는 ②이다.

19 정답 ④

제시된 조건에 따르면 ✄✄=✁✁✁✁=✁✁✁✁이므로 ?에 들어갈 문자는 ④이다.

20 정답 ③

제시된 조건에 따르면 ✆✄=✁✁✁✁=✁✁✁✁✁✁이므로 ?에 들어갈 문자는 ③이다.

21 정답 ③

제시문 A를 정리하면 산을 정복하고자 하는 사람은 도전정신과 끈기가 있고 공부를 잘한다.
하지만 이의 역 명제가 성립하는지의 여부는 알 수 없다.

22 정답 ①

가격이 높은 순서대로 나열하면 '파프리카 – 참외 – 토마토 – 오이'이므로 참외는 두 번째로 비싸다.

23 정답 ①

체력이 좋은 사람은 오래달리기를 잘하고, 오래달리기를 잘하는 사람은 인내심이 있다. 따라서 체력이 좋은 지훈이는 인내심이 있다.

24 정답 ①

첫 번째 명제와 세 번째 명제, 그리고 두 번째 명제의 대우 '과제를 하지 않으면 도서관에 가지 않을 것이다.'를 연결하면 '독서실에 가면 도서관에 가지 않을 것이다.'가 성립한다.

25 정답 ①

C의 명찰이 흰색이라고 가정하자. B의 명찰이 흰색이면 A는 자신의 명찰이 붉은색임을 알게 되는데, A가 모르겠다고 답했으므로 B의 명찰은 붉은색임을 알 수 있다. 마찬가지로 A의 명찰도 붉은색이다. A, B의 명찰 모두 붉은색이므로 C는 자신의 명찰 색을 알 수 없다. 따라서 가정은 옳지 않고, C의 명찰은 붉은색이다.

26 정답 ①

제시된 조건을 정리하면 다음과 같다.

구분	스타벅스	커피빈	카페버네	에디야
지용		×	×	
승현				○
현석				×

지용이와 승현이는 좋아하는 커피브랜드가 다르다고 했으므로 지용이는 에디야를 좋아하지 않고, 커피빈과 카페버네도 좋아하지 않는다고 했으므로 스타벅스를 좋아할 것이다.

27 정답 ③

주어진 조건으로는 현석이가 스타벅스 커피를 좋아하는지 아닌지 알 수 없다.

28 정답 ①

'A카페에 간다.'를 p, '타르트를 주문한다.'를 q, '빙수를 주문한다.'를 r, '아메리카노를 주문한다.'를 s라고 하면, $p \rightarrow q \rightarrow \sim r$, $p \rightarrow q \rightarrow s$의 관계가 성립한다. 'A카페를 가면 아메리카노를 주문한다.'는 참인 명제이므로 대우인 '아메리카노를 주문하지 않으면 A카페를 가지 않았다는 것이다.'도 참이다.

29 정답 ③

$p \rightarrow s$의 역으로, 참인 명제의 역은 참일 수도, 거짓일 수도 있다. 따라서 알 수 없다.

30 정답 ③

$r \rightarrow \sim q$의 이로, 참인 명제의 이는 참일 수도, 거짓일 수도 있다. 따라서 알 수 없다.

31

정답 ④

두 번째와 마지막 명제를 보면 귤을 사면 고구마를 사지 않고, 고구마를 사지 않으면 감자를 산다고 했으므로 '귤을 사면 감자를 산다.'는 옳은 내용이다.

오답분석
① 세 번째와 네 번째 명제에서 '사과를 사면 수박과 귤 모두 산다.'가 아닌 '사과를 사면 수박과 귤 중 하나를 산다.'를 추론할 수 있다.
② 알 수 없는 내용이다.
③ 네 번째 명제의 '이'는 '배를 사지 않으면 수박과 귤을 모두 사거나 사지 않는다.'이지만 명제가 참이라고 하여 '이'가 반드시 참이 될 수는 없다.

32

정답 ③

초록 상자>노랑 상자=빨강 상자>파랑 상자

33

정답 ④

문제에서 주어진 명제를 정리하면 다음과 같다.
p : 스포츠를 좋아하는 사람 q : 음악을 좋아하는 사람 r : 그림을 좋아하는 사람 s : 독서를 좋아하는 사람이라고 했을 때, '$p \rightarrow q$, $r \rightarrow s$', '$\sim q \rightarrow \sim s$'이다.
'$\sim q \rightarrow \sim s$' 명제의 대우를 취하면 '$s \rightarrow q$'이므로 '$r \rightarrow s \rightarrow q$'이다. 즉, '$r \rightarrow q$'이다.
따라서 '그림을 좋아하는 사람은 음악을 좋아한다.'가 된다.

34

정답 ④

어떤 남자는 산을 좋아하고, 산을 좋아하는 남자는 결혼을 했고, 결혼을 한 남자는 자유롭다. 따라서 어떤 남자는 자유롭다.

35

정답 ④

제시된 명제와 그 대우 명제를 정리하면 다음과 같다.
• 액션영화 ○ → 팝콘 ○[팝콘 × → 액션영화 ×]
• 커피 × → 콜라 ×[콜라 ○ → 커피 ○]
• 콜라 × → 액션영화 ○[액션영화 × → 콜라 ○]
• 팝콘 ○ → 나쵸 ×[나쵸 ○ → 팝콘 ×]
• 애니메이션 ○ → 커피 ×[커피 ○ → 애니메이션 ×]
위를 정리하면 '애니메이션 ○ → 커피 × → 콜라 × → 액션영화 ○ → 팝콘 ○'이 성립한다.

36

정답 ②

제시된 과일의 비타민 C 함유량을 정리하면, '사과 – 키위(= 5사과) – 귤(=1.6키위=8사과) – 딸기(=2.6키위=13사과)' 순서이므로 딸기의 비타민 C 함유량이 가장 많고, 사과의 비타민 C 함유량이 가장 적은 것을 알 수 있다.

37

정답 ①

이틀 연속 아르바이트하지 않는다고 했으므로 민정이가 아르바이트를 하는 날은 화요일, 목요일, 토요일이다.

38

정답 ④

K=M+0.5%, M=S−0.3%이므로 K=S+0.2%임을 알 수 있다. 즉, K채널의 시청률은 S채널의 시청률보다 0.2% 높다. 따라서 방송 채널을 시청률이 높은 순으로 나열하면 'K채널 – S채널 – M채널'이므로 K채널의 시청률이 가장 높은 것을 알 수 있다.

39

정답 ②

하루살이는 인생보다 짧고, 인생은 예술보다 짧다. 즉, 하루살이는 예술보다 짧다.

40

정답 ④

한나는 장미를 좋아하고, 장미를 좋아하면 사과를 좋아한다. 즉, 한나는 사과를 좋아한다. 두 번째 대우 명제는 '사과를 좋아하면 노란색을 좋아하지 않는다.'이다. 따라서 '한나는 노란색을 좋아하지 않는다.'를 유추할 수 있다.

오답분석
① 세 번째 문장의 대우 명제는 '사과를 좋아하지 않는 사람은 장미를 좋아하지 않는다.'이다.
② 주어진 문장은 두 번째 문장의 '이' 명제이다. 따라서 옳은지 판단할 수 없다.
③ 두 번째 문장과 세 번째 문장의 대우 명제를 결합하면 '노란색을 좋아하는 사람은 장미를 좋아하지 않는다.'를 유추할 수 있다.

| 03 | 지각능력검사

01	02	03	04	05	06	07	08	09	10
②	②	③	④	③	③	②	④	①	①
11	12	13	14	15	16	17	18	19	20
①	④	③	③	④	④	④	③	①	②
21	22	23	24	25	26	27	28	29	30
②	④	②	③	③	④	①	④	③	④
31	32	33	34	35	36	37	38	39	40
②	④	①	④	④	②	①	②	③	②

01 정답 ②
▦은 6번째에 제시된 문자이므로 정답은 ②이다.

02 정답 ②
☞은 3번째에 제시된 문자이므로 정답은 ②이다.

03 정답 ③
♘은 4번째에 제시된 문자이므로 정답은 ③이다.

04 정답 ④
⚓은 5번째에 제시된 문자이므로 정답은 ④이다.

05 정답 ③
⊠은 7번째에 제시된 문자이므로 정답은 ③이다.

06 정답 ③
✗은 3번째에 제시된 문자이므로 정답은 ③이다.

07 정답 ②
♌은 2번째에 제시된 문자이므로 정답은 ②이다.

08 정답 ④
☻은 8번째에 제시된 문자이므로 정답은 ④이다.

09 정답 ①
☜은 4번째에 제시된 문자이므로 정답은 ①이다.

10 정답 ①
☻은 2번째에 제시된 문자이므로 정답은 ①이다.

11 정답 ①
☚은 1번째에 제시된 문자이므로 정답은 ①이다.

12 정답 ④
✿은 6번째에 제시된 문자이므로 정답은 ④이다.

13 정답 ③
✄은 3번째에 제시된 문자이므로 정답은 ③이다.

14 정답 ③
📁은 5번째에 제시된 문자이므로 정답은 ③이다.

15 정답 ④
☒은 7번째에 제시된 문자이므로 정답은 ④이다.

16 정답 ④
⌨은 8번째에 제시된 문자이므로 정답은 ④이다.

17 정답 ④
☞은 7번째에 제시된 문자이므로 정답은 ④이다.

18 정답 ③
◸ 은 5번째에 제시된 문자이므로 정답은 ③이다.

19 정답 ①
♒은 3번째에 제시된 문자이므로 정답은 ①이다.

20

정답 ②

◡은 6번째에 제시된 문자이므로 정답은 ②이다.

21

정답 ②

오답분석

①

③

④

22

정답 ④

오답분석

①

②

③

23

정답 ②

오답분석

①

③

④

24

정답 ③

오답분석

①

②

④

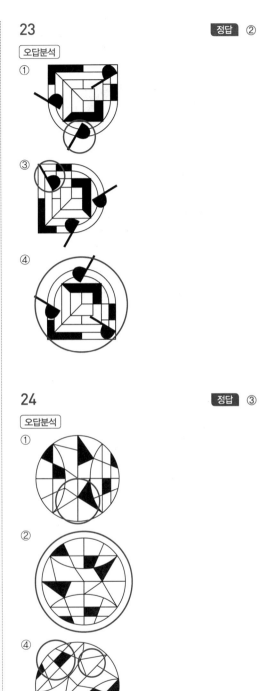

25

정답 ③

오답분석

①

②

④

26

정답 ④

27

정답 ①

28

정답 ④

29

정답 ③

30

정답 ④

31

정답 ②

1층 : 8개, 2층 : 8개, 3층 : 5개, 4층 : 1개
∴ 22개

32

정답 ④

1층 : 9개, 2층 : 6개, 3층 : 4개, 4층 : 3개
∴ 22개

33

정답 ①

1층 : 2개, 2층 : 1개, 3층 : 12개, 4층 : 3개, 5층 : 8개
∴ 26개

34

정답 ④

1층 : 9개, 2층 : 8개, 3층 : 6개, 4층 : 2개
∴ 25개

35

1층 : 10개, 2층 : 7개, 3층 : 8개, 4층 : 3개
∴ 28개

36

1층 : 9개, 2층 : 7개, 3층 : 6개, 4층 : 5개
∴ 27개

37

1층 : 9개, 2층 : 7개, 3층 : 5개, 4층 : 3개
∴ 24개

38

1층 : 36개, 2층 : 30개, 3층 : 28개, 4층 : 17개
∴ 111개

39

1층 : 20개, 2층 : 15개, 3층 : 12개, 4층 : 9개
∴ 56개

40

1층 : 18개, 2층 : 15개, 3층 : 12개, 4층 : 8개
∴ 53개

PART 2

제2회 최종모의고사

| 01 | 수리능력검사

01	02	03	04	05	06	07	08	09	10
④	④	②	①	①	④	①	③	①	④
11	12	13	14	15	16	17	18	19	20
③	②	③	②	③	①	③	④	④	①
21	22	23	24	25	26	27	28	29	30
①	①	③	②	④	②	②	④	③	②
31	32	33	34	35	36	37	38	39	40
③	②	④	②	③	①	②	④	④	③

01 　　　정답 ④

$1,223 + 2,124 + 5,455 - 6,751$
$= 8,802 - 6,751$
$= 2,051$

02 　　　정답 ④

$12^2 + 13^2 - 6^2 - 5^2$
$= 144 + 169 - 36 - 25$
$= 313 - 61$
$= 252$

03 　　　정답 ②

$232 \times 23 + 245$
$= 5,336 + 245$
$= 5,581$

04 　　　정답 ①

$453 + 34 \div 2 + 775$
$= 1,228 + 17$
$= 1,245$

05 　　　정답 ①

$\dfrac{7}{34} + 2 \times \dfrac{5}{34} + \dfrac{1}{2}$
$= \dfrac{7}{34} + \dfrac{10}{34} + \dfrac{1}{2}$
$= \dfrac{17}{34} + \dfrac{1}{2} = \dfrac{1}{2} + \dfrac{1}{2}$
$= 1$

06 　　　정답 ④

$546 - 796 \div 4 - 56$
$= 490 - 199$
$= 291$

07 　　　정답 ①

$135 \times 6 + 546 \times 4$
$= 810 + 2,184$
$= 2,994$

08 　　　정답 ③

$5,432 + 432 + 32 + 2$
$= 5,898$

09 　　　정답 ①

$672 \div 112 \times 6 - 24$
$= 6 \times 6 - 24$
$= 36 - 24$
$= 12$

10 　　　정답 ④

$153 \times 5 - 5 \times 136$
$= 765 - 680$
$= 85$

18 · GSAT 삼성 온라인 직무적성검사 5급

11

정답 ③

$648 \div 8 + 848 \div 8$
$= 81 + 106$
$= 187$

12

정답 ②

$3 \times 6 \times 4 \times 5$
$= 18 \times 20$
$= 360$

13

정답 ③

$4.2 \times 7 + 5.3 \times 2$
$= 29.4 + 10.6$
$= 40$

14

정답 ②

$444 \div 37 \div 2 \div 3$
$= 12 \div 2 \div 3$
$= 6 \div 3$
$= 2$

15

정답 ③

$444 + 333 + 777 + 666$
$= 1,110 + 1,110$
$= 2,220$

16

정답 ①

$72 \div 2^2 \times 3 \div 3^3$
$= 72 \div 4 \times 3 \div 27$
$= 18 \times 3 \div 27$
$= 54 \div 27$
$= 2$

17

정답 ③

$(24 + 24 + 24 + 24 + 24) \times \dfrac{4}{5} \div \dfrac{12}{6}$

$= (24 \times 5) \times \dfrac{4}{5} \times \dfrac{6}{12}$

$= 24 \times 4 \times \dfrac{1}{2} = 24 \times 2$

$= 48$

18

정답 ④

$252 \div 4 \times 3^2 + 3$
$= 63 \times 9 + 3$
$= 567 + 3$
$= 570$

19

정답 ④

$544 + 64 \times 5 + 6$
$= 550 + 320$
$= 870$

20

정답 ①

$12 \times 3 \times 5 + 524$
$= 180 + 524$
$= 704$

21

정답 ①

사탕별로 딸기 맛 1개의 가격을 x원, 바닐라 맛 1개의 가격을 y원, 초콜릿 맛 1개의 가격을 z원이라 하면 다음과 같은 식을 세울 수 있다.

$$\begin{cases} 2x + z = 7,000 \\ 2y = 4,000 \\ 3x + 2z = 11,500 \end{cases} \rightarrow x = 2,500, \ y = 2,000, \ z = 2,000$$

따라서 딸기 맛 1개와 바닐라 맛 1개의 사탕을 주문했을 때 지불해야 하는 금액은 $2,500 + 2,000 = 4,500$원이다.

22

정답 ①

지난달에는 $\dfrac{3,750,000}{12,500} = 300$포대의 쌀을 구매하였으므로 이번 달에 쌀을 구매하는 데 사용한 금액은 $14,000 \times 300 = 4,200,000$원이다.

따라서 이번 달의 쌀 구매비용은 지난달보다 $4,200,000 - 3,750,000 = 450,000$원 더 증가하였다.

23

정답 ③

사탕의 개수를 x개, 과자의 개수를 $(15 - x)$개라고 하자.
$500(15 - x) + 200x = 4,500$
$\rightarrow 7,500 - 500x + 200x = 4,500$
$\rightarrow 300x = 300$
$\therefore x = 10$
따라서 구매한 사탕의 개수는 10개이다.

24
정답 ②

- 8명 중 팀장 2명을 뽑는 경우의 수 : $_8C_2$ 가지
- 남자 4명 중 팀장 2명을 뽑는 경우의 수 : $_4C_2$ 가지

그러므로 팀장 2명이 모두 남자로만 구성될 확률은 $\dfrac{_4C_2}{_8C_2}$

$=\dfrac{6}{28}=\dfrac{3}{14}$ 이다.

25
정답 ④

- 버스를 타고 갈 확률 : $\dfrac{1}{3}$

- 걸어갈 확률 : $\dfrac{2}{3}$

따라서 첫날는 버스를 타고 이틀은 버스, 도보를 한 번씩 이용할 확률은 $\dfrac{1}{3}\times\left(\dfrac{1}{3}\times\dfrac{2}{3}\times2\right)=\dfrac{4}{27}$ 이다.

26
정답 ②

A와 B가 만날 때까지 걸리는 시간을 x분이라고 하자.
(A가 간 거리)=(B가 간 거리)+300이 성립해야 하므로
$200x=50x+300$
$\therefore x=2$
따라서 2분 후에 A와 B가 만난다.

27
정답 ②

두 사람이 1시간 동안 이동하는 거리의 합은 3+12=15km
이므로 $\dfrac{150}{15}=10$시간 후에 만난다.

28
정답 ④

시속 300km/h이므로 거리가 400km인 지점까지 달리는 시간은 $\dfrac{400}{300}=1\dfrac{1}{3}=1$시간 20분이 걸리고, 정차시간은 $10\times7=1$시간 10분이다.
따라서 출발시간으로부터 걸린 시간은 총 2시간 30분이다.

29
정답 ③

종대의 나이가 14세이므로 종인이의 나이는 14-3=11세이다.
아버지의 나이를 x세라고 하면
$(14+11)\times1.6=x$
$\therefore x=40$
따라서 아버지의 나이는 40세이다.

30
정답 ②

아들의 나이를 x세라고 하면, 어머니의 나이는 $3x$세이다.
$x+3x<62$
$\therefore x<15.5$
따라서 아들의 최대 나이는 15살이다.

31
정답 ③

2014~2022년 사이 장르별 공연 건수의 증가율은 다음과 같으며, 국악의 증가율이 가장 높다는 것을 알 수 있다.

- 양악 : $\dfrac{4,628-2,658}{2,658}\times100\fallingdotseq74\%$

- 국악 : $\dfrac{2,192-617}{617}\times100\fallingdotseq255\%$

- 무용 : $\dfrac{1,521-660}{660}\times100\fallingdotseq130\%$

- 연극 : $\dfrac{1,794-610}{610}\times100\fallingdotseq194\%$

[오답분석]
① 2018년과 2021년에는 연극 공연 건수가 국악 공연 건수보다 더 많다.
② 주어진 표에 기록된 수치들만 보면 매년 양악의 공연 건수가 가장 높은 것처럼 보인다. 그러나 이 표에는 2020년의 무용 공연 건수 자료가 빠져있으므로 다른 해와 마찬가지로 2020년에도 역시 양악의 공연 건수가 무용 공연 건수보다 더 많은지 아닌지의 여부는 이 표만 가지고는 확정적으로 판단할 수 없다.
④ 주어진 표에는 2020년의 무용 공연 건수가 제시되어 있지 않다. 그러므로 연극 공연 건수가 무용 공연 건수보다 많아진 것이 2021년부터라고 단정지을 수 없다.

32
정답 ②

2020년 상위 100대 기업까지 48.7%이고, 200대 기업까지 54.5%를 차지하고 있다.
따라서 상위 101~200대 기업이 차지하고 있는 비율은 54.5-48.7=5.8%이다.

[오답분석]
① · ③ 표를 통해 쉽게 확인할 수 있다.
④ 표를 통해 0.2%p 감소했음을 알 수 있다.

33

- 지연 중 A/C 정비가 차지하는 비율 : $\dfrac{117}{2,986} \times 100 ≒ 4\%$
  (∵ 소수점 첫째 자리에서 반올림)

- 결항 중 기상이 차지하는 비율 : $\dfrac{17}{70} \times 100 ≒ 24\%$(∵ 소수점 첫째 자리에서 반올림)

$$\therefore \ \frac{4}{24} = \frac{1}{6}$$

따라서 항공기 지연 중 A/C 정비가 차지하는 비율은 결항 중 기상이 차지하는 비율의 $\dfrac{1}{6}$ 수준이다.

오답분석

① $17 \times 5 = 85 < 118$이므로 올바르지 않다. $118 \div 17 ≒ 7$이다(∵ 소수점 첫째 자리에서 반올림).

② 기타를 제외하고 지연이 발생한 원인 중 가장 높은 비중을 차지하고 있는 것은 A/C 접속이며, 결항이 발생한 원인 중 가장 높은 비중을 차지하고 있는 것은 기상이다.

③ 9월 동안 운항된 전체 비행기 수는 알 수 없으므로 구할 수 없다.

34

정답 ②

여성은 매년 30명씩 증가했으므로 2022년도 여성 신입사원은 $260 + 30 = 290$명이고, 남성 신입사원은 $500 - 290 = 210$명이다.

따라서 남녀 성비는 $\dfrac{210}{290} \times 100 ≒ 72.4$이다.

35

정답 ③

존속성 기술을 개발하는 업체의 총수는 24개, 와해성 기술을 개발하는 업체의 총수는 23개로 옳다.

오답분석

① 와해성 기술을 개발하는 전체 기업의 개수는 23개이고 이 중 벤처기업은 12개, 대기업은 11개이다.
  따라서 와해성 기술을 개발하는 전체 기업에서 벤처기업이 차지하는 비율은 $\dfrac{12}{23} \times 100 = 52.2\%$, 대기업이 $\dfrac{11}{23} \times 100 ≒ 47.8\%$로, 벤처기업이 대기업보다 높다.

② 존속성 기술을 개발하는 기업은 12개, 와해성 기술을 개발하는 기업은 8개로 옳지 않다.

④ 10 : 10의 동일한 비율이므로 옳지 않다.

36

정답 ①

- 주말 입장료
  : $11,000 + 15,000 + 20,000 \times 2 + 20,000 \times \dfrac{1}{2} = 76,000$원

- 주중 입장료
  : $10,000 + 13,000 + 18,000 \times 2 + 18,000 \times \dfrac{1}{2} = 68,000$원

따라서 요금 차이는 $76,000 - 68,000 = 8,000$원이다.

37

정답 ②

통신회사의 기본요금을 x원이라고 하자.
$x + 60a + 30 \times 2a = 21,600 \ \rightarrow \ x + 120a = 21,600 \ \cdots ㉠$
$x + 20a = 13,600 \ \cdots ㉡$
㉠과 ㉡을 연립하면
$100a = 8,000$
$\therefore \ a = 80$
따라서 a의 값은 80이다.

38

정답 ④

각 달의 남자 손님 수를 구하면 다음과 같다.
- 1월 : $56 - 23 = 33$명
- 2월 : $59 - 29 = 30$명
- 3월 : $57 - 34 = 23$명
- 4월 : $56 - 22 = 34$명

따라서 4월에 남자 손님 수가 가장 많았다.

39

정답 ④

ㄴ. 2022년 1분기의 영업이익률은 $\dfrac{-278}{9,332} \times 100 ≒ -2.98\%$이며, 4분기의 영업이익률은 $\dfrac{-998}{9,192} \times 100 ≒ -10.86\%$이다. 따라서 2022년 4분기의 영업이익률은 1분기보다 감소하였음을 알 수 있다.

ㄹ. 2022년 3분기 당기순손실은 직전 분기 대비 $\dfrac{1,079 - 515}{515} \times 100 ≒ 109.51\%$ 증가하였으므로 100% 이상 증가하였음을 알 수 있다.

오답분석

ㄱ. 영업손실이 가장 적은 1분기의 영업이익이 가장 크다.

ㄷ. 2022년 2분기와 4분기의 매출액은 직전 분기보다 증가하였으나, 3분기의 매출액은 2분기보다 감소하였다.

40

정답 ③

뇌혈관 질환으로 사망할 확률은 남성이 54.7%, 여성이 58.3%로 남성이 여성보다 낮다.

01	02	03	04	05	06	07	08	09	10
①	④	②	③	③	④	④	③	④	③
11	12	13	14	15	16	17	18	19	20
①	④	③	④	②	④	④	②	②	③
21	22	23	24	25	26	27	28	29	30
①	②	①	③	②	①	③	①	②	①
31	32	33	34	35	36	37	38	39	40
④	④	③	④	①	④	④	③	①	②

01 정답 ①

제시된 조건에 따르면 ♛♛=♙♙♙♙♙♙=♟♙♟♙♟♙이므로 ?에 들어갈 문자는 ①이다.

02 정답 ④

제시된 조건에 따르면 ♟♟♛=♕♕♕♕♕=♟♟♟♟♟♟♟이므로 ?에 들어갈 문자는 ④이다.

03 정답 ②

제시된 조건에 따르면 ♛=‼‼‼=☺☺☺‼이므로 ?에 들어갈 문자는 ②이다.

04 정답 ③

제시된 조건에 따르면 ♛☻=‼‼‼☻이므로 ?에 들어갈 문자는 ③이다.

05 정답 ③

제시된 조건에 따르면 ▭▭=≈≈≈≈=≈☼≈☼이므로 ?에 들어갈 문자는 ③이다.

06 정답 ④

제시된 조건에 따르면 ◑◑=▭▭▭▭=≈≈≈≈▭▭이므로 ?에 들어갈 문자는 ④이다.

07 정답 ④

제시된 조건에 따르면 ▨=◪◪=◼이므로 ?에 들어갈 문자는 ④이다.

08 정답 ③

제시된 조건에 따르면 ▨=◼=◪◪이므로 ?에 들어갈 문자는 ③이다.

09 정답 ④

제시된 조건에 따르면 ®®=²²=˝˝˝˝이므로 ?에 들어갈 문자는 ④이다.

10 정답 ③

제시된 조건에 따르면 ▢▢=²²²²²²=²˝²˝²˝이므로 ?에 들어갈 문자는 ③이다.

11 정답 ①

제시된 조건에 따르면 F4=F2F2=F1F2이므로 ?에 들어갈 문자는 ①이다.

12 정답 ④

제시된 조건에 따르면 F3F1=F1F1F1F1=F2F2F2F2이므로 ?에 들어갈 문자는 ④이다.

13 정답 ③

제시된 조건에 따르면 ⁶7⁶6=⁶6⁶6⁶5=⁵5⁵5⁵5⁵5이므로 ?에 들어갈 문자는 ③이다.

14 정답 ④

제시된 조건에 따르면 ⁸8⁸5=⁶6⁶6⁶6=⁵5⁵5⁵5⁵5⁵5⁵5이므로 ?에 들어갈 문자는 ④이다.

15 정답 ②

제시된 조건에 따르면 DE=FD이므로 ?에 들어갈 문자는 ②이다.

16 정답 ④

제시된 조건에 따르면 PP=FFFFFF=EFEFEF이므로 ?에 들어갈 문자는 ④이다.

17
정답 ④

제시된 조건에 따르면 ☀△=👋👋△=△△△△△이므로 ?에 들어갈 문자는 ④이다.

18
정답 ②

제시된 조건에 따르면 ⚡△=△△△△△=👋👋이므로 ?에 들어갈 문자는 ②이다.

19
정답 ②

제시된 조건에 따르면 Del=Z Z=X Y X Y이므로 ?에 들어갈 문자는 ②이다.

20
정답 ③

제시된 조건에 따르면 Space Bar=Z Z Z=X Y X Y Z이므로 ?에 들어갈 문자는 ③이다.

21
정답 ①

'놀이동산에 가면 팝콘을 먹지 않겠다.'의 대우는 '팝콘을 먹으면 놀이동산에 가지 않겠다.'이므로 이를 연결하면 '영화관에 가면 놀이동산에 가지 않겠다.'가 성립한다.

22
정답 ②

각 명제를 식으로 정리하면 다음과 같다.
• 수영 → 다이빙
• 자전거 → ~다이빙 (다이빙 → ~자전거)
• 킥보드 → 자전거 (~자전거 → ~킥보드)
따라서 수영 → 다이빙 → ~자전거 → ~킥보드이므로 '수영을 할 수 있는 사람은 킥보드를 탈 수 있다.'는 거짓이다.

23
정답 ①

비판적 사고를 하는 사람은 반성적 사고를 하고, 반성적 사고를 하면 창의적 사고를 하기 때문에 비판적 사고를 하는 사람은 창의적 사고도 한다.

24
정답 ③

피자를 좋아하는 사람은 치킨을 좋아하고, 치킨을 좋아하는 사람은 맥주를 좋아하기 때문에 피자를 좋아하는 사람은 맥주를 좋아한다. 그러나 '피자를 좋아하는 사람은 맥주를 좋아한다.'의 역인 '맥주를 좋아하는 사람은 피자를 좋아한다.'는 참일 수도 거짓일 수도 있으므로 맥주를 좋아하는 미혜가 피자를 좋아하는지는 알 수 없다.

25
정답 ②

주영이는 화요일에만 야근하고, 야근한 다음 날에만 친구를 만나므로 항상 수요일에만 친구를 만난다. 따라서 '주영이가 친구를 만나는 날은 월요일이다.'는 거짓이다.

26
정답 ①

제시문에 따르면 민희> 나경>예진, 재은>이현>예진 순으로 손이 크다.
따라서 예진이보다 손이 더 작은 사람은 없다.

27
정답 ③

이현이와 나경이는 모두 예진이보다 손이 크긴 하지만 둘 다 공통적으로 어떤 사람보다 손이 작은지 나와 있지 않기 때문에 알 수 없다.

28
정답 ①

네 번째 문장을 통해, 가장 적은 개수로 620원이 되는 경우는 500+100+10+10=620원이므로 경서는 4개의 동전을 가지고 있다.

29
정답 ②

28번을 통해 경서가 4개의 동전을 가지고 있으므로, 현정이는 5개, 소희는 7개의 동전을 가지고 있음을 알 수 있다. 이때 소희는 모든 종류의 동전을 가지고 있으므로, 최소 금액은 500+100+50+10+10+10+10=690원이다.

30
정답 ①

29번에 따라 현정이는 5개의 동전을 가지고 있다. 이때 700원이 가능한 경우는 500+50+50+50+50=700원 뿐이므로, 두 종류의 동전을 가지고 있다.

31
정답 ④

데스크탑>노트북>만년필>손목시계 순으로 가격이 형성된다.

32

정답 ④

- A : 연차를 쓸 수 있다.
- B : 제주도 여행을 한다.
- C : 회를 좋아한다.
- D : 배낚시를 한다.
- E : 다른 계획이 있다.

제시된 명제들을 간단히 나타내면, A → B, D → C, E → ~D, ~E → A이다. 두 번째 명제를 제외한 후 연립하면 D → ~E → A → B가 되므로 D → B가 성립한다. 따라서 그 대우 명제인 '제주도 여행을 하지 않으면 배낚시를 하지 않는다.'가 항상 참이다.

33

정답 ③

'커피를 좋아함'을 p, '홍차를 좋아함'을 q, '우유를 좋아함'을 r, '콜라를 좋아함'을 s라고 하면 $p → q → ~r → s$가 성립한다. 따라서 $p → s$이므로 '커피를 좋아하는 사람은 콜라를 좋아한다.'가 항상 참이다.

34

정답 ④

냉면을 좋아하는 사람은 여름을 좋아하고, 여름을 좋아하는 사람은 호빵을 싫어한다. 따라서 이 명제의 대우 명제인 '호빵을 좋아하는 사람은 냉면을 좋아하지 않는다.'가 항상 참이다.

35

정답 ①

현명한 사람은 거짓말을 하지 않고, 거짓말을 하지 않으면 다른 사람의 신뢰를 얻는다. 즉, 현명한 사람은 다른 사람의 신뢰를 얻는다.

36

정답 ④

'모든 A → 어떤 B → ~모든 C → ~어떤 A'이므로, '모든 A → ~어떤 A'라는 명제가 성립한다. 이 명제의 대우는 '어떤 A → ~모든 A'이므로 '어떤 A는 모든 A가 아니다.'가 항상 참이다.

37

정답 ④

'티라노사우르스'를 p, '공룡임'을 q, '곤충을 먹음'을 r, '직립보행을 함'을 s라고 하면, 각 명제는 순서대로 $p → q$, $r → ~q$, $~r → s$이다. 두 번째 명제의 대우와 첫 번째·세 번째 명제를 정리하면 $p → q → ~r → s$이므로 $p → s$가 성립한다. 따라서 '티라노사우르스는 직립보행을 한다.'가 항상 참이다.

38

정답 ③

'A카페에 감'을 p, '타르트를 주문함'을 q, '빙수를 주문함'을 r, '아메리카노를 주문함'을 s라고 하면, $p → q → ~r$, $p → q → s$의 관계가 성립한다. 따라서 'A카페를 가면 아메리카노를 주문한다.'는 참인 명제이므로 이의 대우 명제인 '아메리카노를 주문하지 않으면 A카페를 가지 않았다는 것이다.' 역시 참이다.

39

정답 ①

대구>서울, 강릉>서울로 서울 기온이 가장 낮음을 알 수 있으며, 제시된 명제만으로는 대구와 강릉의 기온을 서로 비교할 수 없다.

40

정답 ②

- 민지의 가방 무게 : 진희의 가방 무게+2kg
- 아름이의 가방 무게 : 진희의 가방 무게+3kg

따라서 가방이 무거운 순서대로 나열하면 '아름 – 민지 – 진희' 순임을 알 수 있다.

01	02	03	04	05	06	07	08	09	10
③	③	①	②	④	④	②	④	①	①
11	12	13	14	15	16	17	18	19	20
④	③	②	②	③	①	③	④	①	③
21	22	23	24	25	26	27	28	29	30
④	④	④	④	③	④	③	③	③	②
31	32	33	34	35	36	37	38	39	40
②	①	①	①	③	②	①	③	③	④

01 정답 ③
☞은 7번째에 제시된 문자이므로 정답은 ③이다.

02 정답 ③
☎은 5번째에 제시된 문자이므로 정답은 ③이다.

03 정답 ①
∿은 2번째에 제시된 문자이므로 정답은 ①이다.

04 정답 ②
✒은 3번째에 제시된 문자이므로 정답은 ②이다.

05 정답 ④
☞은 7번째에 제시된 문자이므로 정답은 ④이다.

06 정답 ④
✪은 5번째에 제시된 문자이므로 정답은 ④이다.

07 정답 ②
☺은 6번째에 제시된 문자이므로 정답은 ②이다.

08 정답 ④
♣은 8번째에 제시된 문자이므로 정답은 ④이다.

09 정답 ①
(차)은 1번째에 제시된 문자이므로 정답은 ①이다.

10 정답 ①
㉖은 2번째에 제시된 문자이므로 정답은 ①이다.

11 정답 ④
㈹은 8번째에 제시된 문자이므로 정답은 ④이다.

12 정답 ③
(ㄱ)은 7번째에 제시된 문자이므로 정답은 ③이다.

13 정답 ②
▤은 3번째에 제시된 문자이므로 정답은 ②이다.

14 정답 ②
☏은 4번째에 제시된 문자이므로 정답은 ②이다.

15 정답 ③
▭은 6번째에 제시된 문자이므로 정답은 ③이다.

16 정답 ①
☎은 1번째에 제시된 문자이므로 정답은 ①이다.

17 정답 ③
∀은 6번째에 제시된 문자이므로 정답은 ③이다.

18 정답 ④
彐은 8번째에 제시된 문자이므로 정답은 ④이다.

19 정답 ①
℔은 2번째에 제시된 문자이므로 정답은 ①이다.

PART 2

20 　　　　　　　　　　　　　　정답 ③

$\mathbb{P}$은 3번째에 제시된 문자이므로 정답은 ③이다.

21 　　　　　　　　　　　　　　정답 ④

오답분석

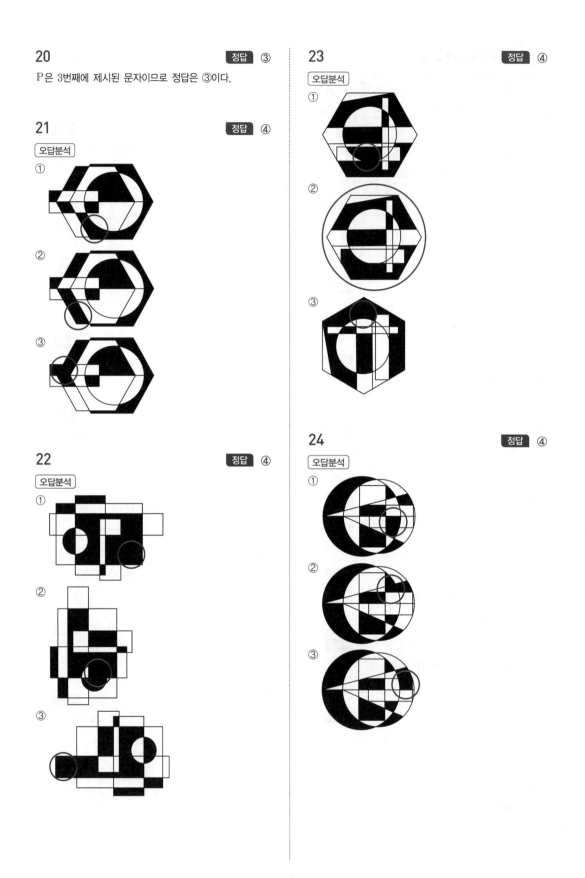

22 　　　　　　　　　　　　　　정답 ④

오답분석

23 　　　　　　　　　　　　　　정답 ④

오답분석

24 　　　　　　　　　　　　　　정답 ④

오답분석

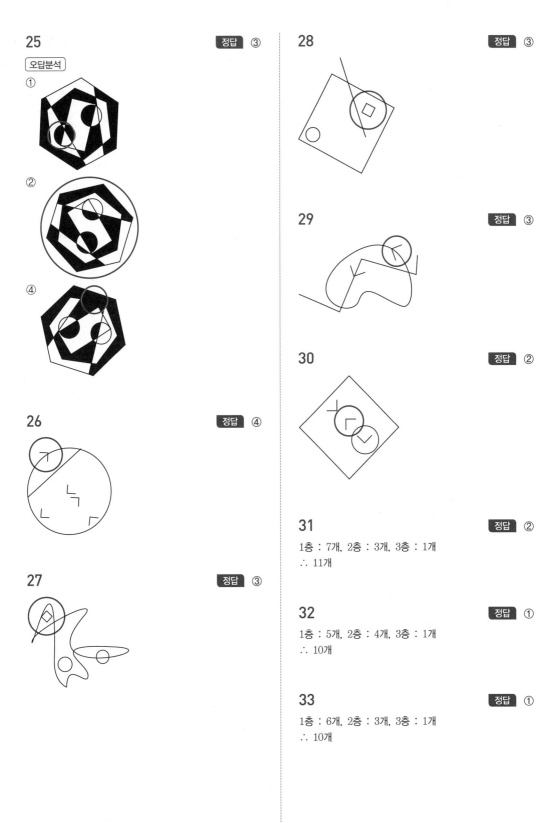

25 　정답 ③

오답분석

①

②

④

26 　정답 ④

27 　정답 ③

28 　정답 ③

29 　정답 ③

30 　정답 ②

31 　정답 ②

1층 : 7개, 2층 : 3개, 3층 : 1개
∴ 11개

32 　정답 ①

1층 : 5개, 2층 : 4개, 3층 : 1개
∴ 10개

33 　정답 ①

1층 : 6개, 2층 : 3개, 3층 : 1개
∴ 10개

PART 2

34

정답 ①

1층 : 6개, 2층 : 2개, 3층 : 2개
∴ 10개

35

정답 ③

1층 : 6개, 2층 : 4개, 3층 : 2개
∴ 12개

36

정답 ②

1층 : 7개, 2층 : 6개, 3층 : 3개
∴ 16개

37

정답 ①

1층 : 6개, 2층 : 5개, 3층 : 4개
∴ 15개

38

정답 ③

1층 : 22개, 2층 : 17개, 3층 : 12개, 4층 : 8개, 5층 : 3개
∴ 62개

39

정답 ③

1층 : 20개, 2층 : 19개, 3층 : 16개, 4층 : 11개, 5층 : 6개
∴ 72개

40

정답 ④

1층 : 23개, 2층 : 20개, 3층 : 17개, 4층 : 11개, 5층 : 6개
∴ 77개

제3회 최종모의고사

| 01 | 수리능력검사

01	02	03	04	05	06	07	08	09	10
③	①	①	④	③	①	④	④	②	④
11	12	13	14	15	16	17	18	19	20
④	①	④	③	②	③	②	①	②	④
21	22	23	24	25	26	27	28	29	30
④	④	④	④	④	④	③	③	④	①
31	32	33	34	35	36	37	38	39	40
①	③	③	③	③	④	③	③	①	③

01 　　　정답 ③

$454+744 \div 62+77$
$=531+12$
$=543$

02 　　　정답 ①

$214-675+811-302$
$=1,025-977$
$=48$

03 　　　정답 ①

$2,464-563-23+334$
$=2,798-586$
$=2,212$

04 　　　정답 ④

$871 \times 2-454 \times 3$
$=1,742-1,362$
$=380$

05 　　　정답 ③

$125 \div 5 \times 15+25$
$=25 \times 15+25$
$=375+25$
$=400$

06 　　　정답 ①

$757-241+453$
$=1,210-241$
$=969$

07 　　　정답 ④

$368 \div 2+20 \times 42-424$
$=184+840-424$
$=600$

08 　　　정답 ④

$278+245+357$
$=880$

09 　　　정답 ②

$154 \times 2+35 \times 4$
$=308+140$
$=448$

10 　　　정답 ④

$457+55 \times 429 \div 33$
$=457+23,595 \div 33$
$=457+715$
$=1,172$

11 　정답 ④

$34 \times 420 \times 27$
$= 14,280 \times 27$
$= 385,560$

12 　정답 ①

$653 - 234 - 67 + 112 + 236$
$= 352 + 348$
$= 700$

13 　정답 ④

$8^2 - 4^3 - 2^2 - 3^2 + 9^2$
$= (64 + 81) - (64 + 4 + 9)$
$= 68$

14 　정답 ③

$3.432 + 2.121 - 0.878 - 1.271$
$= 5.553 - 2.149$
$= 3.404$

15 　정답 ②

$(16 + 8 \times 7) \div 4$
$= (16 + 56) \div 4$
$= 72 \div 4$
$= 18$

16 　정답 ③

$79 + 55 \times 2 + 64$
$= 79 + 110 + 64$
$= 253$

17 　정답 ②

$14.25 + 42.75 + 36.7$
$= 93.7$

18 　정답 ①

$88.3 + 78 \div 4 + 3.2$
$= 88.3 + 19.5 + 3.2$
$= 91.5 + 19.5$
$= 111$

19 　정답 ②

$255 + 476 + 347 + 107$
$= 731 + 454$
$= 1,185$

20 　정답 ④

$12 + 24 + 46 - 68$
$= 82 - 68$
$= 14$

21 　정답 ④

농도 11% 소금물의 양을 구하면 다음과 같다.
$(100 - x) + x + y = 300 \rightarrow y = 200$
덜어낸 소금물의 양을 구하면 다음과 같다.
$\dfrac{20}{100}(100 - x) + x + \dfrac{11}{100} \times 200 = \dfrac{26}{100} \times 300$
$\rightarrow 2,000 - 20x + 100x + 2,200 = 7,800 \rightarrow x = 45$
$\therefore\ x + y = 245$

22 　정답 ④

처음 A그릇에 들어 있는 소금의 양은 $\dfrac{6}{100} \times 300 = 18$g,

처음 B그릇에 들어 있는 소금의 양은 $\dfrac{8}{100} \times 300 = 24$g이다.

A그릇에서 소금물 100g을 퍼서 B그릇에 옮겨 담으면 옮겨진

소금의 양은 $\dfrac{6}{100} \times 100 = 6$g이다.

따라서 B그릇에 들어 있는 소금물은 400g, 소금의 양은 $24 +$

$6 = 30$g이고 농도는 $\dfrac{24 + 6}{300 + 100} \times 100 = \dfrac{30}{400} \times 100 = 7.5\%$

이다.

다시 B그릇에서 소금물 80g을 퍼서 A그릇에 옮겨 담으므로

옮겨진 소금의 양은 $80 \times \dfrac{30}{400} = 6$g이다.

따라서 A그릇에는 소금물이 280g이 들어있고 소금의 양은

$12 + 6 = 18$g이므로 농도는 $\dfrac{18}{280} \times 100 ≒ 6.4\%$이다.

23 　정답 ④

놀이기구의 개수를 n개라고 하자.
$5n + 12 = 6(n - 2) + 2 \rightarrow n = 22$
즉, 놀이기구의 개수는 22개이고, 사람은 $5 \times 22 + 12 = 122$
명이다.
따라서 구하는 값은 $22 + 122 = 144$이다.

24

정답 ④

두 수의 곱이 홀수가 되려면 (홀수)×(홀수)여야 하므로 1에서 10까지 적힌 숫자카드를 임의로 두 장을 동시에 뽑았을 때, 두 장 모두 홀수일 확률을 구해야 한다.
따라서 열 장 중 홀수 카드 두 개를 뽑을 확률은

$$\frac{_5C_2}{_{10}C_2} = \frac{\frac{5 \times 4}{2 \times 1}}{\frac{10 \times 9}{2 \times 1}} = \frac{5 \times 4}{10 \times 9} = \frac{2}{9} \text{이다.}$$

25

정답 ④

A, B, C에 해당되는 청소 주기 6, 8, 9일의 최소공배수는 $2 \times 3 \times 4 \times 3 = 72$이다.
따라서 9월은 30일, 10월은 31일까지 있으므로 9월 10일에 청소를 하고 72일 이후인 11월 21일에 세 사람이 같이 청소하게 된다.

26

정답 ④

B의 속력을 $x\text{m/min}$라 하자.
서로 반대 방향으로 걸으므로, 한 번 만날 때 두 사람은 연못을 1바퀴 걸은 것이다. 1시간 동안 5번을 만났다면, 두 사람의 이동거리는 $600 \times 5 = 3,000\text{m}$이다.
$3,000 = 60(15 + x) \rightarrow 60x = 2,100$
$\therefore x = 35$
따라서 B의 속력은 35m/min이다.

27

정답 ③

A의 속도를 $x\text{m/분}$이라 하면 B의 속도는 $1.5x\text{m/분}$이다.
A, B가 12분 동안 이동한 거리는 각각 $12x\text{m}$, $12 \times 1.5x = 18x\text{m}$이고, 두 사람이 이동한 거리의 합은 1,200m이므로 다음과 같다.
$12x + 18x = 1,200 \rightarrow 30x = 1,200$
$\therefore x = 40$
따라서 A의 속도는 40m/분이다.

28

정답 ③

경주용 차 B의 속도를 시속 $x\text{km}$라 하면 2시간 만에 경주용 차 A와 한 바퀴 차이가 나므로 다음과 같다.
$(x - 200)2 = 6 \rightarrow 2x - 400 = 6$
$\therefore x = 203$
따라서 경주용 차 B의 속도는 203km/h이다.

29

정답 ④

아버지의 나이를 x세, 형의 나이를 y세라고 하자.
동생의 나이는 $(y-2)$세이므로 $y + (y-2) = 40 \rightarrow y = 21$
어머니의 나이는 $(x-4)$세이므로 $x + (x-4) = 6 \times 21 \rightarrow 2x = 130 \rightarrow x = 65$
따라서 아버지의 나이는 65세이다.

30

정답 ①

현재 乙의 나이를 x세라고 하면 甲의 나이는 $2x$세이다.
8년 후 甲과 乙의 나이는 각각 $(2x+8)$, $(x+8)$이 되므로
$(2x+8):(x+8)=6:4$
$\rightarrow 6(x+8)=4(2x+8)$
$\therefore x=8$
따라서 현재 甲의 나이는 $2 \times 8 = 16$세, 乙의 나이는 8세이다.

31

정답 ①

투자안마다 투자금액에 대한 연 수익은 다음과 같다.
- A : $1,600 \times 0.11 = 176$원
- B : $1,400 \times 0.1 = 140$원
- C : $1,200 \times 0.09 = 108$원
- D : $800 \times 0.07 = 56$원
- E : $600 \times 0.05 = 30$원

투자방법에 따라 남는 금액의 수익은 없고 투자금액에 대한 수익을 계산하면 다음과 같다.
ⅰ) A=176원
ⅱ) B+E=140+30=170원
ⅲ) C+D=108+56=164원
ⅳ) C+E=108+30=138원
따라서 A만 투자했을 경우 176원으로 가장 수익이 높다.

32

정답 ③

매년 A~C동의 버스정류장 개수의 총합은 158개로 일정하다.
따라서 빈칸에 들어갈 수는 $158 - (63 + 49) = 46$이다.

33

정답 ③

2017년부터 공정자산총액과 부채총액의 차를 순서대로 나열하면 952, 1,067, 1,383, 1,127, 1,864, 1,908억 원이다.
따라서 2022년에 차이가 가장 크다.

오답분석
① 2020년에는 자본총액이 전년 대비 감소했다.
② 직전 해에 비해 당기순이익이 가장 많이 증가한 해는 2021년이다.
④ 총액 규모가 가장 큰 것은 공정자산총액이다.

34

정답 ③

A국과 F국을 비교해보면 참가선수는 A국이 더 많지만, 동메달 수는 F국이 더 많다.

오답분석

① 금메달은 F>A>E>B>D>C 순서로 많고, 은메달은 C>D>B>E>A>F 순서로 많다.
② C국은 금메달을 획득하지 못했지만 획득한 메달 수는 149개로 가장 많다.
④ 참가선수와 메달 합계의 순위는 동일하다.

35

정답 ③

남자 합격자 수는 1,003명, 여자 합격자 수는 237명이고, $1,003 \div 237 \fallingdotseq 4.23$이므로, 남자 합격자 수는 여자 합격자 수의 4배 이상이다.

오답분석

① 제시된 표의 합계에서 지원자 수 항목을 보면 집단 A의 지원자 수가 933명으로 가장 많은 것을 알 수 있다.
② 제시된 표의 합계에서 모집정원 항목을 보면 집단 C의 모집정원이 가장 적은 것을 알 수 있다.
④ 경쟁률은 $\dfrac{(\text{지원자 수})}{(\text{모집정원})}$이므로, B집단의 경쟁률은 $\dfrac{585}{370}=\dfrac{117}{74}$이다.

36

정답 ④

생산이 증가한 해에는 수출과 내수 모두 증가했다.

오답분석

① 표에서 ▽는 감소수치를 나타내고 있으므로 ▽가 없는 2018년은 모두 증가했다.
② 내수가 가장 큰 폭으로 증가한 해는 2020년으로 생산과 수출 모두 감소했다.
③ 수출이 증가했던 2018, 2021, 2022년에 생산, 내수 모두 증가하였다.

37

정답 ③

2022년 쌀 소비량이 세 번째로 높은 업종은 탁주 및 약주 제조업이다.

탁주 및 약주 제조업의 2021년 대비 2022년 쌀 소비량 증감률은 $\dfrac{51,592-46,403}{46,403}\times100 \fallingdotseq 11\%$이다.

38

정답 ③

동화를 선호하는 4~5학년 학생 수는 $305\times0.12+302\times0.08=60.76$명이다.

따라서 고학년 전체 학생 수 대비 동화를 선호하는 4~5학년 학생 수 비율은 $\dfrac{60.76}{926}\times100 \fallingdotseq 6.6\%$이다.

39

정답 ①

학년이 올라갈수록 도서 선호 분야 비율이 커지는 분야는 '소설, 철학'이다.

40

정답 ③

인구성장률 그래프의 경사가 완만할수록 인구수 변동폭이 작다. 따라서 2025~2030년의 인구 증감폭이 더 작다.

오답분석

① 인구성장률은 1970년 이후 계속 감소하고 있다.
② 총인구가 감소하려면 인구성장률 그래프가 (−)값을 가져야 하는데 2011년과 2015년에는 (+)값을 갖는다.
④ 그래프를 통해 2000년이 아닌 2020년부터 총인구가 감소하는 모습을 보이고 있음을 알 수 있다.

| 02 | 추리능력검사

01	02	03	04	05	06	07	08	09	10
②	③	④	①	②	②	②	①	④	③
11	12	13	14	15	16	17	18	19	20
①	②	④	④	③	④	③	③	④	④
21	22	23	24	25	26	27	28	29	30
③	①	③	①	③	③	①	②	①	②
31	32	33	34	35	36	37	38	39	40
④	③	④	①	④	②	④	④	④	③

01
정답 ②

제시된 조건에 따르면 ♖♖=♙♙♙♙♙♙=♘♘♙♙이므로 ?에 들어갈 문자는 ②이다.

02
정답 ③

제시된 조건에 따르면 ♗♗♙=♘♘♘♘♘♘♙이므로 ?에 들어갈 문자는 ③이다.

03
정답 ④

제시된 조건에 따르면 [V][V][q]=[q][q][q][q][q]=[g][g][g][g][q][q][q]이므로 ?에 들어갈 문자는 ④이다.

04
정답 ①

제시된 조건에 따르면 [D][D]=[g][g][g][g][g][g]=[q][q][q]이므로 ?에 들어갈 문자는 ①이다.

05
정답 ②

제시된 조건에 따르면 [파][三]=[九][九][三]=[九][三][三][三][三]이므로 ?에 들어갈 문자는 ②이다.

06
정답 ②

제시된 조건에 따르면 [바][바]=[三][三][三][三][三][三][三][三][三][三]=[九][九][三][三][三][三]이므로 ?에 들어갈 문자는 ②이다.

07
정답 ②

제시된 조건에 따르면 ☺☺=☯☯☯☯=◒◒◒◒☯☯이므로 ?에 들어갈 문자는 ②이다.

08
정답 ①

제시된 조건에 따르면 ☻☻☻=◒◒◒◒◒◒◒◒=☯☯☯◒◒◒이므로 ?에 들어갈 문자는 ①이다.

09
정답 ④

제시된 조건에 따르면 mm=ㅎㅎㅎㅎ=ㅎㅎhh이므로 ?에 들어갈 문자는 ④이다.

10
정답 ③

제시된 조건에 따르면 ㅎㅎhh=hhqq=qqqq이므로 ?에 들어갈 문자는 ③이다.

11
정답 ①

제시된 조건에 따르면 zz=ㄴㄴ=ㅜㅜ이므로 ?에 들어갈 문자는 ①이다.

12
정답 ②

제시된 조건에 따르면 [예][예]=ㅜㅜ=ㅜㄴㄴ이므로 ?에 들어갈 문자는 ②이다.

13
정답 ④

제시된 조건에 따르면 #@=@@=!!!!이므로 ?에 들어갈 문자는 ④이다.

14
정답 ④

제시된 조건에 따르면 $=@@=!!!!이므로 ?에 들어갈 문자는 ④이다.

15
정답 ③

제시된 조건에 따르면 ∭=∫∫∫=∫∬이므로 ?에 들어갈 문자는 ③이다.

16
정답 ④

제시된 조건에 따르면 ⫫⫫＝∫∫∫∫＝∫∫∫∫∫∫∫ 이므로 ?에 들어갈 문자는 ④이다.

17
정답 ③

제시된 조건에 따르면 BP＝BBB＝SSBB이므로 ?에 들어갈 문자는 ③이다.

18
정답 ③

제시된 조건에 따르면 SS＝AAAA＝SAA이므로 ?에 들어갈 문자는 ③이다.

19
정답 ④

제시된 조건에 따르면 겨＝갸갸＝가가가가이므로 ?에 들어갈 문자는 ④이다.

20
정답 ④

제시된 조건에 따르면 갸＝가가＝나나나나이므로 ?에 들어갈 문자는 ④이다.

21
정답 ③

뉴스에서 내일 비가 온다고 했기 때문에 소풍은 가지 않지만, 주어진 명제를 통해서 학교에 가는지는 알 수 없다.

22
정답 ①

대중교통＞자동차＞오토바이＞자전거이므로 철수는 자동차를 두 번째로 좋아한다.

23
정답 ③

A와 B는 D보다 시력이 낮음을 알 수 있으나, C와 D의 비교에 대한 단서가 없으므로 4명 중 D의 시력이 가장 높은지는 알 수 없다.

24
정답 ①

주어진 명제를 정리하면 다음과 같다.
- A : 다리가 아픈 사람
- B : 계단을 빨리 오르지 못하는 사람
- C : 평소에 운동을 하지 않는 사람

A → B, B → C이며, 대우는 각각 ~B → ~A, ~C → ~B이다.
따라서 ~C → ~B → ~A이므로 ~C → ~A이다.
그러므로 '평소에 운동을 하는 사람은 다리가 아프지 않다.'는 참이 된다.

25
정답 ③

노화가 온 사람은 귀가 잘 들리지 않아 큰 소리로 이야기한다. 그러나 큰 소리로 이야기하는 사람 중 노화가 온 사람은 전부 또는 일부일 수도 있으므로 '큰 소리로 이야기하는 사람은 노화가 온 사람이다.'는 알 수 없다.

26
정답 ③

주어진 조건에 따르면 두 가지의 경우가 있다.

구분	경우 1	경우 2
5층	D	E
4층	B	C
3층	A	A
2층	C	B
1층	E	D

경우 1에서 B는 A보다 위층이지만, 경우 2에서 B는 A보다 아래층이다. 따라서 참인지 거짓인지 알 수 없다.

27
정답 ①

26번 해설에 따르면, A부서는 항상 3층에 위치한다.

28
정답 ②

마지막 문장에 따라 A는 3등급이고, 두 번째 문장에 따라 E는 4등급 또는 5등급인데, 세 번째 문장에서 E가 C보다 한 등급이 높다고 하였으므로 E가 4등급, C가 5등급이다.

29

28번 해설에 따르면 A는 3등급, E는 4등급, C는 5등급이고, 세 번째 문장에 따라 B가 D보다 한 등급이 높으므로 B가 1등급, D가 2등급이다.

30

정답 ②

29번 해설에 따르면 D는 2등급이므로, D보다 심폐기능이 좋은 환자는 1명이다.

31

정답 ④

모든 1과 사원은 가장 실적이 많은 2과 사원보다 실적이 많고, 3과 사원 중 일부는 가장 실적이 많은 2과 사원보다 실적이 적다. 따라서 3과 사원 중 일부는 모든 1과 사원보다 실적이 적다.

32

정답 ③

성준이는 볼펜을 좋아하고, 볼펜을 좋아하는 사람은 수정테이프를 좋아한다. 따라서 성준이는 수정테이프를 좋아한다.

33

정답 ④

어떤 S대학교 학생은 중국어 수업을 들으므로, 중국어 수업을 듣는 학생이 적어도 1명 이상이다. 모든 S대학교 학생은 영어 또는 작문 수업을 들으므로, 어떤 S대학교 학생은 중국어와 영어 수업을 듣거나, 중국어와 작문 수업을 듣는다.

34

정답 ①

'손이 고움'을 p, '마음이 예쁨'을 q, '키가 큼'을 r이라고 하면, '$p \rightarrow q$', '$\sim p \rightarrow r$'이다. 어떤 명제가 참이면 그 명제의 대우도 참이므로 '$\sim r \rightarrow p$'가 성립하고, '$\sim r \rightarrow p \rightarrow q$'가 되어 '$\sim r \rightarrow q$'가 성립한다. 따라서 키가 크지 않으면 마음이 예쁘다.

35

정답 ④

영서, 수희>연수, 수희>주림이고 수희가 두 번째로 크므로 영서>수희인데, 주림이가 가장 작지 않으므로 영서>수희>주림>연수이다. 따라서 연수가 가장 작다.

36

정답 ②

모든 공원은 분위기가 있고, 서울에 있는 어떤 공원은 사람이 많지 않다. 즉, 서울에 있는 어떤 공원은 분위기가 있으면서 사람이 많지 않다.

37

정답 ④

세 번째 명제의 대우는 '운동을 좋아하는 사람은 고전을 좋아한다.'이다. 따라서 두 번째 명제와 연결하면 '사진을 좋아하는 사람은 고전을 좋아한다.'는 명제를 얻을 수 있다.

38

정답 ④

수학을 잘하는 사람은 컴퓨터를 잘하고, 컴퓨터를 잘하는 사람은 사탕을 좋아한다. 따라서 수학을 잘하는 사람은 사탕을 좋아한다.

39

정답 ④

세 번째 명제의 대우는 '짬뽕을 좋아하는 사람은 밥을 좋아한다.'이다. 따라서 두 번째 명제와 연결하면 '초밥을 좋아하는 사람은 밥을 좋아한다.'는 명제를 얻을 수 있다.

40

정답 ③

철학자 → 천재 → 공처가 → 거북이, 조개 → 공처가 → 거북이
따라서 '모든 조개는 거북이다.'라는 명제를 얻을 수 있다.

01	02	03	04	05	06	07	08	09	10
④	④	②	②	②	③	③	①	④	①
11	12	13	14	15	16	17	18	19	20
④	①	③	④	③	①	①	①	④	④
21	22	23	24	25	26	27	28	29	30
③	④	④	③	①	②	②	④	①	①
31	32	33	34	35	36	37	38	39	40
②	②	②	①	②	②	①	②	③	②

01
정답 ④

▱은 8번째에 제시된 문자이므로 정답은 ④이다.

02
정답 ④

▥은 5번째에 제시된 문자이므로 정답은 ④이다.

03
정답 ②

◈은 3번째에 제시된 문자이므로 정답은 ②이다.

04
정답 ②

◓은 4번째에 제시된 문자이므로 정답은 ②이다.

05
정답 ②

Ω은 6번째에 제시된 문자이므로 정답은 ②이다.

06
정답 ③

ℝ은 3번째에 제시된 문자이므로 정답은 ③이다.

07
정답 ③

Ɜ은 7번째에 제시된 문자이므로 정답은 ③이다.

08
정답 ①

°F은 1번째에 제시된 문자이므로 정답은 ①이다.

09
정답 ④

┴은 4번째에 제시된 문자이므로 정답은 ④이다.

10
정답 ①

ㄱ은 5번째에 제시된 문자이므로 정답은 ①이다.

11
정답 ④

ㄱ은 7번째에 제시된 문자이므로 정답은 ④이다.

12
정답 ①

┛은 2번째에 제시된 문자이므로 정답은 ①이다.

13
정답 ③

⑤은 6번째에 제시된 문자이므로 정답은 ③이다.

14
정답 ④

①은 5번째에 제시된 문자이므로 정답은 ④이다.

15
정답 ③

㉣은 7번째에 제시된 문자이므로 정답은 ③이다.

16
정답 ①

⑩은 1번째에 제시된 문자이므로 정답은 ①이다.

17
정답 ①

в은 4번째에 제시된 문자이므로 정답은 ①이다.

18
정답 ①

Й은 1번째에 제시된 문자이므로 정답은 ①이다.

19
정답 ④

Д은 8번째에 제시된 문자이므로 정답은 ④이다.

20

ㅂ은 6번째에 제시된 문자이므로 정답은 ④이다.

21

정답 ③

오답분석

22

정답 ④

오답분석

23

정답 ④

오답분석

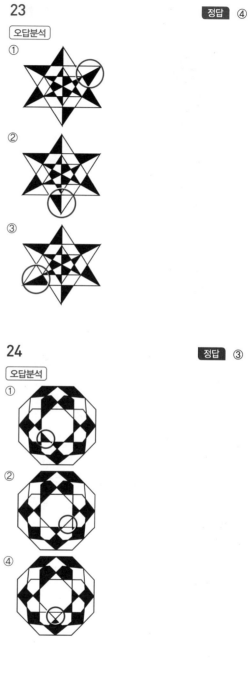

24

정답 ③

오답분석

PART 2

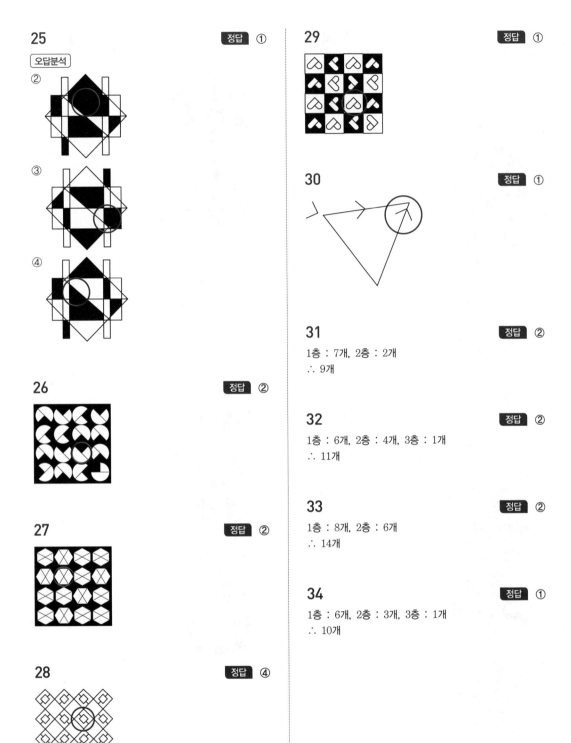

25 　　　　　　　　정답 ①

오답분석

②

③

④

26 　　　　　　　　정답 ②

27 　　　　　　　　정답 ②

28 　　　　　　　　정답 ④

29 　　　　　　　　정답 ①

30 　　　　　　　　정답 ①

31 　　　　　　　　정답 ②

1층 : 7개, 2층 : 2개
∴ 9개

32 　　　　　　　　정답 ②

1층 : 6개, 2층 : 4개, 3층 : 1개
∴ 11개

33 　　　　　　　　정답 ②

1층 : 8개, 2층 : 6개
∴ 14개

34 　　　　　　　　정답 ①

1층 : 6개, 2층 : 3개, 3층 : 1개
∴ 10개

35

정답 ②

1층 : 6개, 2층 : 4개, 3층 : 1개
∴ 11개

36

정답 ②

1층 : 7개, 2층 : 2개
∴ 9개

37

정답 ①

1층 : 6개, 2층 : 3개, 3층 : 1개
∴ 10개

38

정답 ②

1층 : 7개, 2층 : 4개
∴ 11개

39

정답 ③

1층 : 21개, 2층 : 16개, 3층 : 9개, 4층 : 4개, 5층 : 2개
∴ 52개

40

정답 ②

1층 : 22개, 2층 : 18개, 3층 : 10개, 4층 : 6개, 5층 : 2개
∴ 58개

PART 2

| 01 | 수리능력검사

01	02	03	04	05	06	07	08	09	10
②	④	④	①	②	②	①	④	④	①
11	12	13	14	15	16	17	18	19	20
①	①	④	④	③	②	②	①	④	①
21	22	23	24	25	26	27	28	29	30
④	③	①	④	④	①	③	①	③	①
31	32	33	34	35	36	37	38	39	40
④	④	④	④	④	④	③	④	①	①

01 　　　　　정답 ②

$10^3 - 487 - 8^2$
$= 1,000 - 487 - 64$
$= 449$

02 　　　　　정답 ④

$2,412 + 1,001 - 3,412$
$= 3,413 - 3,412$
$= 1$

03 　　　　　정답 ④

$23 \times 6 + 67 \times 11 - 12 \times 55$
$= 138 + 737 - 660$
$= 215$

04 　　　　　정답 ①

$9^2 - 7^2 + 5^2 - 3^2$
$= 81 - 49 + 25 - 9$
$= 32 + 16$
$= 48$

05 　　　　　정답 ②

$574 - 121 + 143 \div 11$
$= 453 + 13$
$= 466$

06 　　　　　정답 ②

$777 - 666 + 555 - 444$
$= 111 + 111$
$= 222$

07 　　　　　정답 ①

$2^3 + 6^2 + 24$
$= 8 + 36 + 24$
$= 44 + 24$
$= 68$

08 　　　　　정답 ④

$79,712 - 32,314 + 12,454$
$= 92,166 - 32,314$
$= 59,852$

09 　　　　　정답 ④

$13,440 \div 24 \times 2 + 80$
$= 560 \times 2 + 80$
$= 1,120 + 80$
$= 1,200$

10 　　　　　정답 ①

$7^2 + 5^2 + 7 \times 10$
$= 49 + 25 + 70$
$= 144$

11

정답 ①

$0.8213+1.8124-2.4424$
$=2.6337-2.4424$
$=0.1913$

12

정답 ①

$67+7,965\div45+134$
$=201+177$
$=378$

13

정답 ④

$34\div2+34\div4$
$=17+8.5$
$=25.5$

14

정답 ④

$210\div3\times2^2+900\div3^2$
$=70\times4+100$
$=280+100$
$=380$

15

정답 ③

$5^2+3^3-2^2+6^2-9^2$
$=25+27-4+36-81$
$=88-85$
$=3$

16

정답 ②

$54\times3-113+5\times143$
$=162-113+715$
$=877-113$
$=764$

17

정답 ②

$6,788\div4+2,847$
$=1,697+2,847$
$=4,544$

18

정답 ①

$45\div5-63\div9$
$=9-7$
$=2$

19

정답 ④

$0.215\times2\times2^2$
$=0.215\times8$
$=1.72$

20

정답 ①

$2,312+564-64\times54+600$
$=3,476-3,456$
$=20$

21

정답 ④

A산악회 회원들을 12명씩 모았을 때 만들어지는 조의 수를 n이라 하면 회원 수는 $12n+4$이다.
$n=1$, $12\times1+4=16=10\times1=16$, 회원 수는 20명 이상이므로 조건에 맞지 않는다.
$n=2$, $12\times2+4=28=10\times2+8$
$n=3$, $12\times3+4=40=10\times4$
$n=4$, $12\times4+4=52=10\times5+2$
$n=5$, $12\times5+4=64=10\times6+4$
$n=6$, $12\times6+4=76=10\times7+6$
따라서 A산악회 회원의 최소 수는 76명이다.

22

정답 ③

등산 동아리가 예약한 숙소 방의 개수를 x개라고 하자.
$6x+12=7(x-3)+6$
$\rightarrow 6x+12=7x-21+6$
$\rightarrow x=12+15$
$\rightarrow x=27$
따라서 등산 동아리에서 예약한 방의 개수는 총 27개이다.

23

정답 ①

2.0L 병에 48병을 채울 수 있는 양은 $2\times48\times0.75=72$L이다. 그리고 새로운 1.8L 병은 한 병에 $1.8\times0.8=1.44$L를 채울 수 있으므로, 필요한 병의 수는 $\dfrac{72}{1.44}=50$병이다.

24

정답 ④

(적어도 1개는 하얀 공을 꺼낼 확률)=1−(모두 빨간 공을 꺼낼 확률)

• 전체 공의 개수 : 4+6=10

• 2개의 공 모두 빨간 공을 꺼낼 확률 : $\dfrac{_4C_2}{_{10}C_2}=\dfrac{2}{15}$

$\therefore 1-\dfrac{2}{15}=\dfrac{13}{15}$

25

정답 ④

• A주머니에서 검은 공을 뽑을 확률 : $\dfrac{1}{2}\times\dfrac{2}{5}=\dfrac{1}{5}$

• B주머니에서 검은 공을 뽑을 확률 : $\dfrac{1}{2}\times\dfrac{4}{5}=\dfrac{2}{5}$

$\therefore \dfrac{1}{5}+\dfrac{2}{5}=\dfrac{3}{5}$

26

정답 ①

오리의 수를 x, 개의 수를 y라고 하면

$\begin{cases} x+y=33 \\ 2x+4y=72 \end{cases} \rightarrow \begin{cases} 2x+2y=66 \\ 2x+4y=72 \end{cases} \rightarrow 2y=6$

$y=3$이므로 $x=30$이다.

따라서 오리는 30마리, 개는 3마리이다.

27

정답 ③

지하철의 이동거리를 $x$km라 하면, 이상이 생겼을 때 지하철의 속력은 60×0.4=24km/h이다.

평소보다 45분 늦게 도착하였으므로

$\dfrac{x}{24}-\dfrac{x}{60}=\dfrac{45}{60} \rightarrow 5x-2x=90 \rightarrow 3x=90$

$\therefore x=30$

28

정답 ①

올라갈 때 걸은 거리를 $x$km라고 하면, 내려올 때의 거리는 $(x+5)$km이므로

$\dfrac{x}{3}+\dfrac{x+5}{4}=3 \rightarrow 4x+3(x+5)=36$

$\therefore x=3$

29

정답 ③

딸의 나이 범위에서 8의 배수를 찾아보면 32, 40, 48살이 가능하다. 이 중 5로 나누어 3이 남는 나이는 48살이다. 따라서 딸의 나이는 48살, 아버지의 나이는 84살이 되므로 두 사람의 나이 차는 84−48=36살이다.

30

정답 ①

여동생의 나이를 x세, 아버지의 나이를 y세라고 하자.

$y=2(12+14+x)$ ··· ㉠

$(y-12)=10x$ ··· ㉡

㉠과 ㉡을 연립하면

$52+2x=10x+12 \rightarrow 8x=40$

$\therefore x=5$

31

정답 ④

미혼모 가구 수는 2020년까지 감소하다가 2021년부터 증가하였고, 미혼부 가구 수는 2019년까지 감소하다가 2020년부터 증가하였으므로 증감추이가 바뀌는 연도는 동일하지 않다.

오답분석

① 한부모가구 중 모자가구 수의 전년 대비 증가율은 다음과 같다.

• 2019년 : 2,000÷1,600=1.25배
• 2020년 : 2,500÷2,000=1.25배
• 2021년 : 3,600÷2,500=1.44배
• 2022년 : 4,500÷3,600=1.25배

따라서 2021년을 제외하고 1.25배씩 증가하였다.

② 한부모가구 중 모자가구 수의 20%를 구하면 다음과 같다.

• 2018년 1,600×0.2=320
• 2019년 2,000×0.2=400
• 2020년 2,500×0.2=500
• 2021년 3,600×0.2=720
• 2022년 4,500×0.2=900천 명이다.

따라서 부자가구가 20%를 초과한 해는 2021년(810천 명), 2022년(990천 명)이다.

③ 2021년 미혼모 가구 수는 모자가구 수의 $\dfrac{72}{3,600}\times100=$ 2%이다.

32
정답 ④

스스로 탐색하여 독서프로그램 정보를 획득한 남성의 수는 $137 \times 0.22 ≒ 30$명이며, 관공서, 도서관 등의 안내에 따라 독서프로그램 정보를 획득한 여성의 수는 $181 \times 0.205 ≒ 37$명이다.

따라서 관공서, 도서관 등의 안내에 따라 독서프로그램 정보를 획득한 여성의 수 대비 스스로 탐색하여 독서프로그램 정보를 획득한 남성의 수의 비율은 $\frac{30}{37} \times 100 ≒ 81.1\%$이다.

33
정답 ④

2019년과 2018년의 발생건수 대비 체포건수를 구하면 다음과 같다.

- 2019년 : $\frac{16,452}{19,513} \times 100 ≒ 84.31\%$

- 2018년 : $\frac{6,989}{13,321} \times 100 ≒ 52.47\%$

$\therefore 84.31 - 52.47 = 31.84\%p$

34
정답 ④

전체 가입자 중 여자 가입자 수의 비율은 $\frac{9,804,482}{21,942,806} \times 100 ≒ 44.7\%$이다.

오답분석
① 남자 사업장가입자수는 $8,059,994$명이며, 남자 지역가입자 수 2배인 $3,861,478 \times 2 = 7,722,956$명보다 많다.
② 여자 가입자 전체 수인 $9,804,482$명에서 여자 사업장가입자 수인 $5,775,011$명을 빼면 $4,029,471$명이다. 따라서 여자 사업장가입자 수가 이를 제외한 항목의 여자 가입자 수를 모두 합친 것보다 많다.
③ 국민연금 전체 지역가입자 수는 전체 사업장가입자 수의 $\frac{7,310,178}{13,835,005} \times 100 ≒ 52.8\%$이다.

35
정답 ④

1인당 평균 보수액에서 성과급이 차지하는 비중은 2017년도가 2019년보다 높다.

- 2017년 : $\frac{1,264}{55,722} \times 100 ≒ 2.27\%$

- 2019년 : $\frac{862}{56,214} \times 100 ≒ 1.53\%$

2019년도의 평균보수액은 2017년보다 많고, 성과급은 낮으므로 분모는 크고 분자는 작기 때문에 2019년도 분수 값이 더 작다. 따라서 분자, 분모의 크기만 비교해도 계산할 필요 없이 대소비교가 가능하다.

오답분석
① 2017년부터 2019년까지 기본급은 전년 대비 증가하는 것을 자료를 통해 알 수 있다.
② 기타 상여금이 가장 높은 연도는 2018년도이며, 이때 1인당 평균보수액은 복리후생비의 $\frac{56,209}{985} ≒ 57$배이다.
③ 2016 ~ 2019년 동안 고정수당의 증감 추이는 '감소 – 감소 – 감소'로 증감 추이가 이와 같은 항목은 없다.

36
정답 ④

2020년도에 세 번째로 많은 생산을 했던 분야는 일반기계 분야로, 일반기계 분야의 2018년도에서 2019년도의 변화율은 $\frac{4,020-4,370}{4,370} \times 100 ≒ -8\%$이므로 약 8% 감소하였다.

37
정답 ③

쓰레기 1kg당 처리비용은 400원으로 동결상태이다. 오히려 쓰레기 종량제 봉투 가격이 인상될수록 A신도시의 쓰레기 발생량과 쓰레기 관련 예산 적자가 급격히 감소하는 것을 알 수 있다.

38
정답 ④

최고 기온이 17℃ 이상인 지점은 춘천, 강릉, 충주, 서산이다. 이 중 최저 기온이 7℃ 이상인 지점은 강릉과 서산으로 두 관측지점의 강수량을 합하면 $1,464 + 1,285 = 2,749$mm이다.

39
정답 ①

동해의 최고 기온과 최저 기온의 평균은 $\frac{16.8+8.6}{2} = 8.4 + 4.3 = 12.7$℃이다.

오답분석
② 속초는 관측지점 중 평균 기온이 세 번째로 높고, 강수량은 두 번째로 많다.
③ 최고 기온과 최저 기온의 차이가 가장 큰 지점은 $17.7 - 5.9 = 11.8$℃인 충주이다.
④ 강릉은 평균 기온과 최저 기온이 가장 높고, 강수량도 가장 많다. 그러나 최고 기온은 충주가 가장 높다.

40

정답 ①

- 1학년 전체 학생 중 빨강을 좋아하는 학생 수의 비율
  : $\frac{50}{250} \times 100 = 20\%$

- 2학년 전체 학생 중 노랑을 좋아하는 학생 수의 비율
  : $\frac{75}{250} \times 100 = 30\%$

| 02 | 추리능력검사

01	02	03	04	05	06	07	08	09	10
③	②	④	①	②	③	②	④	②	③
11	12	13	14	15	16	17	18	19	20
②	①	③	③	②	④	③	④	②	③
21	22	23	24	25	26	27	28	29	30
①	①	①	③	①	③	①	②	③	①
31	32	33	34	35	36	37	38	39	40
④	③	②	②	④	②	③	①	①	④

01

정답 ③

제시된 조건에 따르면 ◁▽＝▽▽＝●○●○이므로 ?에 들어갈 문자는 ③이다.

02

정답 ②

제시된 조건에 따르면 △△△△＝▽▽＝●○●○이므로 ?에 들어갈 문자는 ②이다.

03

정답 ④

제시된 조건에 따르면 ⅡⅡ＝ⅢⅢⅢⅢ＝ⅤⅤⅤ＝ⅡⅤⅤ이므로 ?에 들어갈 문자는 ④이다.

04

정답 ①

제시된 조건에 따르면 Ⅱ＝ⅢⅢ＝ⅠⅠⅠⅠ＝ⅢⅠⅠ이므로 ?에 들어갈 문자는 ①이다.

05

정답 ②

제시된 조건에 따르면 ★＝◎◎＝※이므로 ?에 들어갈 문자는 ②이다.

06

정답 ③

제시된 조건에 따르면 ※＝◎◎＝◆◆◆◆이므로 ?에 들어갈 문자는 ③이다.

07

정답 ②

제시된 조건에 따르면 ⒟⒟＝ⒷⒷⒷⒷ＝ⒷⒷⒸⒸ＝⒟ⒸⒸ이므로 ?에 들어갈 문자는 ②이다.

08
정답 ④

제시된 조건에 따르면 ⒷⒷ=Ⓓ=ⒼⒼ이므로 ?에 들어갈 문자는 ④이다.

09
정답 ②

제시된 조건에 따르면 ☻☢=☒☢=☢☢☢이므로 ?에 들어갈 문자는 ②이다.

10
정답 ③

제시된 조건에 따르면 ☹☺=☒☢☒☢=☒☒☒☒이므로 ?에 들어갈 문자는 ③이다.

11
정답 ②

제시된 조건에 따르면 JK=WWK=WKKK이므로 ?에 들어갈 문자는 ②이다.

12
정답 ①

제시된 조건에 따르면 PK=KKKK이므로 ?에 들어갈 문자는 ①이다.

13
정답 ③

제시된 조건에 따르면 ◎◠=ㄴㄴㄴ◠=◠◠ㄴ이므로 ?에 들어갈 문자는 ③이다.

14
정답 ③

제시된 조건에 따르면 ⊖⊖=◠◠◠◠◠◠=◠◠◠◠ㄴㄴㄴㄴ이므로 ?에 들어갈 문자는 ③이다.

15
정답 ②

제시된 조건에 따르면 ✿♂=♛♂♂=♂♂♂♂♂이므로 ?에 들어갈 문자는 ②이다.

16
정답 ④

제시된 조건에 따르면 🖐♛=♛♛♛=♂♂♂♂♂♂♂♂이므로 ?에 들어갈 문자는 ④이다.

17
정답 ③

제시된 조건에 따르면 ∮∮=≆≆≆≆=≆≆≆∥∥이므로 ?에 들어갈 문자는 ③이다.

18
정답 ④

제시된 조건에 따르면 √√=≆∥≆∥=≆∥∥∥=∥∥이므로 ?에 들어갈 문자는 ④이다.

19
정답 ②

제시된 조건에 따르면 △△=△△△△△△=▲▲▲이므로 ?에 들어갈 문자는 ②이다.

20
정답 ③

제시된 조건에 따르면 ▲▲=▲△△△△=▲△△△△이므로 ?에 들어갈 문자는 ③이다.

21
정답 ①

주어진 명제를 정리하면 다음과 같다.
- A : 테니스를 친다.
- B : 마라톤을 한다.
- C : 축구를 한다.
- D : 등산을 한다.

[제시문 A]를 간단히 나타내면 A → B, B → ~C, C → D이다. 이를 연립하면 C → ~A와 C → D가 성립한다. 따라서 [제시문 B]는 참이다.

22
정답 ①

주어진 명제를 정리하면 다음과 같다.
- A : 피로가 쌓이다.
- B : 휴식을 취한다.
- C : 마음이 안정된다.
- D : 모든 연락을 끊는다.

[제시문 A]를 간단히 나타내면, A → B, ~C → ~B, ~A → ~D이다. 이를 연립하면 D → A → B → C가 되므로 D → C가 성립한다. 따라서 [제시문 B]는 참이다.

23
정답 ①

주어진 명제를 정리하면 다음과 같다.
- A : 소꿉놀이를 좋아하는 아이
- B : 수영을 좋아하는 아이
- C : 공놀이를 좋아하는 아이
- D : 장난감 로봇을 좋아하는 아이

[제시문 A]를 간단히 나타내면 A → ~B, ~C → D, C → ~A이다. 따라서 A → ~C → D가 성립하고 이의 대우 명제인 ~D → ~A가 성립한다. 따라서 [제시문 B]는 참이다.

24
정답 ③

주어진 명제를 정리하면 다음과 같다.
- A : 산을 정복하고자 한다.
- B : 도전정신과 끈기가 있다.
- C : 공부를 잘한다.

[제시문 A]를 간단히 나타내면 A → B, B → C이며, 이를 연립하면 A → B → C가 성립한다. 하지만 대우 명제가 성립하는지는 알 수 없다.

25
정답 ①

주어진 명제를 정리하면 다음과 같다.
- A : 바다에 간다.
- B : 문어 라면을 먹는다.
- C : 산에 간다.
- D : 쑥을 캔다.

제시문 A를 간단히 나타내면 A → B, C → D, B → ~D이며, 이를 연립하면 A → B → ~D → ~C가 성립한다. 따라서 제시문 B는 참이다.

26
정답 ③

새싹이 크게 자란 순서대로 나열하면 '토마토 – 오이 – 호박' 또는 '상추 – 오이 – 호박'이 되며, 토마토와 상추의 새싹은 서로 비교할 수 없다. 따라서 상추의 새싹이 가장 크게 자랐는지는 알 수 없다.

27
정답 ①

새싹이 크게 자란 순서대로 나열하면 '토마토 – 상추 – 오이 – 호박' 또는 '상추 – 토마토 – 오이 – 호박'이 되므로 호박의 새싹이 가장 작게 자란 것을 알 수 있다.

28
정답 ②

D는 다른 세 사람과 서로 다른 급수이므로 1급이거나 3급이다. A는 B, C와 서로 다른 급수이므로, D가 1급인 경우 A는 3급이고, D가 3급인 경우 A는 1급이어야 한다. 따라서 B, C는 2급이다.

29
정답 ③

28번 해설을 참고하면, A는 1급일 수도 있고 3급일 수도 있다.

30
정답 ①

28번 해설을 참고하면 C는 2급이다.

31
정답 ④

주어진 명제를 정리하면 다음과 같다.
- 테니스 ○ → 가족 여행 ×
- 가족 여행 ○ → 독서 ○
- 독서 ○ → 쇼핑 ×
- 쇼핑 ○ → 그림 그리기 ○
- 그림 그리기 ○ → 테니스 ○

위 조건을 정리하면 '쇼핑 ○ → 그림 그리기 ○ → 테니스 ○ → 가족 여행 ×'이므로 ④가 옳다.

32
정답 ③

달리기를 잘하면 영어를 잘하고, 영어를 잘하면 부자이다. 따라서 달리기를 잘하는 '나'는 부자이다.

33
정답 ②

어떤 꽃은 향기롭고, 향기로운 꽃은 주위에 나비가 많고, 나비가 많은 꽃은 아카시아이다. 따라서 '어떤 꽃은 아카시아이다.'가 성립한다.

34
정답 ②

주어진 명제를 통해 '세경이는 전자공학과 패션디자인을 모두 전공하며, 원영이는 사회학만 전공한다.'를 유추할 수 있다. 따라서 바르게 유추한 것은 ②이다.

35
정답 ④

수연, 철수, 영희 순서로 점수가 높아진다. 영희는 90점, 수연이는 85점이므로 철수의 성적은 86점 이상 89점 이하이다.

36
정답 ②

'회의장 세팅'을 p, '회의록 작성'을 q, '회의 자료 복사'를 r, '자료 준비'를 s라고 했을 때, 이들을 나열하면 $p \rightarrow \sim q \rightarrow \sim s \rightarrow \sim r$이 성립한다. 따라서 항상 옳은 진술은 '회의록을 작성하지 않으면 회의 자료를 복사하지 않는다.'이다.

37
정답 ③

제시문에 따르면 정래, 혜미>윤호>경철 순이다.

38
정답 ①

주어진 명제를 정리하면 다음과 같다.
은지>정주, 정주>경순, 민경>은지의 순서이므로 '경순<정주<은지<민경'이다. 따라서 경순이가 가장 느리다.

39
정답 ①

'커피를 마신다'를 A, '치즈케이크를 먹는다'를 B, '마카롱을 먹는다'를 C, '요거트를 먹는다'를 D, '초코케이크를 먹는다'를 E, '아이스크림을 먹는다'를 F라고 하면, 'C → ~D → A → B → ~E → F'가 성립한다.

40
정답 ④

두 번째, 세 번째 명제를 통해 '어떤 남학생은 채팅과 컴퓨터 게임을 모두 좋아한다.'를 추론할 수 있다.

| 03 | 지각능력검사

01	02	03	04	05	06	07	08	09	10
②	③	①	②	③	①	②	④	④	①
11	12	13	14	15	16	17	18	19	20
②	④	③	④	①	②	④	②	③	③
21	22	23	24	25	26	27	28	29	30
④	④	③	②	②	④	③	③	④	④
31	32	33	34	35	36	37	38	39	40
③	②	③	③	①	②	③	①	①	④

01
정답 ②

≦은 2번째에 제시된 문자이므로 정답은 ②이다.

02
정답 ③

≥은 7번째에 제시된 문자이므로 정답은 ③이다.

03
정답 ①

<은 5번째에 제시된 문자이므로 정답은 ①이다.

04
정답 ②

≪은 4번째에 제시된 문자이므로 정답은 ②이다.

05
정답 ③

◡은 4번째에 제시된 문자이므로 정답은 ③이다.

06
정답 ①

⋈은 2번째에 제시된 문자이므로 정답은 ①이다.

07
정답 ②

↓은 5번째에 제시된 문자이므로 정답은 ②이다.

08
정답 ④

⇑은 7번째에 제시된 문자이므로 정답은 ④이다.

09

정답 ④

♥은 8번째에 제시된 문자이므로 정답은 ④이다.

10

정답 ①

♣은 3번째에 제시된 문자이므로 정답은 ①이다.

11

정답 ②

♣은 4번째에 제시된 문자이므로 정답은 ②이다.

12

정답 ④

☙은 7번째에 제시된 문자이므로 정답은 ④이다.

13

정답 ③

✍은 6번째에 제시된 문자이므로 정답은 ③이다.

14

정답 ④

⇨은 8번째에 제시된 문자이므로 정답은 ④이다.

15

정답 ①

©은 1번째에 제시된 문자이므로 정답은 ①이다.

16

정답 ②

✂은 3번째에 제시된 문자이므로 정답은 ②이다.

17

정답 ④

✛은 6번째에 제시된 문자이므로 정답은 ④이다.

18

정답 ②

ㅓ은 2번째에 제시된 문자이므로 정답은 ②이다.

19

정답 ③

ㅖ은 7번째에 제시된 문자이므로 정답은 ③이다.

20

정답 ③

ㄱ은 5번째에 제시된 문자이므로 정답은 ③이다.

21

정답 ④

오답분석

①

②

③

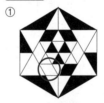

22

정답 ④

오답분석

①

②

③

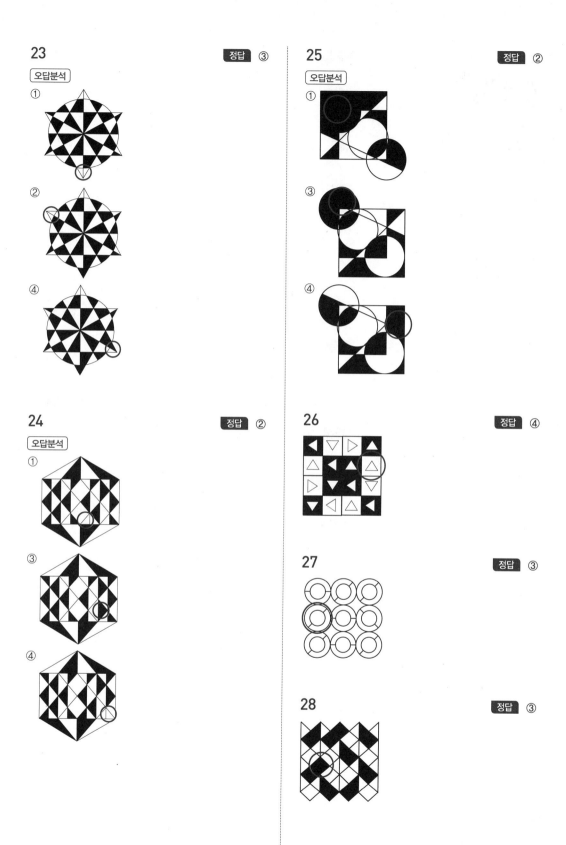

23 정답 ③

오답분석
① ② ④

24 정답 ②

오답분석
① ③ ④

25 정답 ②

오답분석
① ③ ④

26 정답 ④

27 정답 ③

28 정답 ③

29

정답 ④

30

정답 ④

31

정답 ③

1층 : 9개, 2층 : 2개, 3층 : 1개
∴ 12개

32

정답 ②

1층 : 5개, 2층 : 3개, 3층 : 1개
∴ 9개

33

정답 ③

1층 : 7개, 2층 : 4개, 3층 : 3개
∴ 14개

34

정답 ③

1층 : 9개, 2층 : 6개, 3층 : 2개
∴ 17개

35

정답 ①

1층 : 6개, 2층 : 5개, 3층 : 3개, 4층 : 1개
∴ 15개

36

정답 ②

1층 : 5개, 2층 : 3개, 3층 : 1개
∴ 9개

37

정답 ③

1층 : 7개, 2층 : 4개, 3층 : 1개
∴ 12개

38

정답 ①

1층 : 7개, 2층 : 2개, 3층 : 1개
∴ 10개

39

정답 ①

1층 : 23개, 2층 : 21개, 3층 : 16개, 4층 : 12개, 5층 : 7개
∴ 79개

40

정답 ④

1층 : 21개, 2층 : 18개, 3층 : 13개, 4층 : 6개, 5층 : 2개
∴ 60개

제5회 최종모의고사

| 01 | 수리능력검사

01	02	03	04	05	06	07	08	09	10
④	③	③	②	④	②	④	④	②	③
11	12	13	14	15	16	17	18	19	20
④	①	①	③	③	①	④	④	④	③
21	22	23	24	25	26	27	28	29	30
④	①	④	①	③	③	①	②	②	③
31	32	33	34	35	36	37	38	39	40
①	②	④	①	④	③	④	④	③	②

01　　정답 ④

$1,230+2,460+2,540-230$
$=6,230-230$
$=6,000$

02　　정답 ③

$1,320 \div 20 - 427 \div 7$
$=66-61$
$=5$

03　　정답 ③

$(1.111 \times 9 + 0.001) \div 10 + 9$
$=(9.999 + 0.001) \div 10 + 9$
$=10 \div 10 + 9$
$=1+9$
$=10$

04　　정답 ②

$7,389 \div 3 - 4,354 \div 7$
$=2,463 - 622$
$=1,841$

05　　정답 ④

$1,297 - 2,312 + 7,846$
$=9,143 - 2,312$
$=6,831$

06　　정답 ②

$4,544 + 3,339 \div 3 - 4,345$
$=4,544 + 1,113 - 4,345$
$=5,657 - 4,345$
$=1,312$

07　　정답 ④

$213 \times 2^2 + 3,123 \times 2$
$=852 + 6,246$
$=7,098$

08　　정답 ④

$(5^2 \times 4^2 \times 6^2) \div 12^2$
$=(5^2 \times 4^2 \times 2^2 \times 3^2) \times \dfrac{1}{3^2 \times 4^2}$
$=(5^2 \times 2^2)$
$=100$

09　　정답 ②

$8 \times 27 \times 64 \div 576$
$=2^3 \times 3 \times 3^2 \times 8^2 \times \dfrac{1}{3^2 \times 8^2}$
$=2^3 \times 3$
$=8 \times 3 = 24$

10　　정답 ③

$266 + 377 + 488$
$=1,131$

11

정답 ④

$5,874+2,145+3,457$
$=8,019+3,457$
$=11,476$

12

정답 ①

$(98,424-2,432)\div142$
$=95,992\div142$
$=676$

13

정답 ①

$46+67\times6+655+64$
$=765+402$
$=1,167$

14

정답 ③

$0.3454-0.2454+0.121$
$=0.4664-0.2454$
$=0.221$

15

정답 ③

$(44,324+64,330)\div273$
$=108,654\div273$
$=398$

16

정답 ①

$64,967+23,123+44,545$
$=88,090+44,545$
$=132,635$

17

정답 ④

$45+6\times7\times8\times9$
$=45+3,024$
$=3,069$

18

정답 ④

$782+831-454$
$=1,613-454$
$=1,159$

19

정답 ④

$3\times2\times2^2\times2^3$
$=3\times2^6$
$=3\times64$
$=192$

20

정답 ③

$44+333\div111+22+33$
$=99+3$
$=102$

21

정답 ④

(소금의 양)=(농도)×(소금물의 양)

$y=\dfrac{x}{100}\times400+\dfrac{12}{100}\times200$

$\therefore\ y=4x+24$

22

정답 ①

감자를 x박스를 산다고 하자.
A가게에서 드는 돈 : $10,000x$원
B가게에서 드는 돈 : $(8,000x+3,000)$원
$10,000x>8,000x+3,000$
$\therefore\ x>1.5$

23

정답 ④

물건을 200개 구입했을 때 A제품의 가격은 $200\times0.85\times20$
$=3,400$만 원이다.
구입하려는 A제품의 개수를 n개라고 하자. 10%를 할인했을
때의 가격은 $n\times0.9\times20=18n$만 원이다.
$18n>3,400\ \rightarrow\ n>188.9$
따라서 189개 이상을 구입하면 200개의 가격으로 사는 것이
이익이다.

24

정답 ①

A가 합격할 확률은 $\dfrac{1}{3}$이고 B가 합격할 확률은 $\dfrac{3}{5}$이다.

따라서 A, B 둘 다 합격할 확률은 $\dfrac{1}{3}\times\dfrac{3}{5}=\dfrac{3}{15}=\dfrac{1}{5}=20\%$
이다.

25

정답 ③

두 수의 곱이 짝수인 경우는 (짝수, 홀수), (홀수, 짝수), (짝수, 짝수)이고, 두 수의 곱이 홀수인 경우는 (홀수, 홀수)이다. a, b의 곱이 짝수일 확률은 $1-(a, b$의 곱이 홀수일 확률)이다.

따라서 a와 b의 곱이 짝수일 확률은 $1-\left(\dfrac{1}{3}\times\dfrac{2}{5}\right)=\dfrac{13}{15}$이다.

26

정답 ③

민철이가 A코스를 타고 내려온 후 리프팅을 탑승하여 다시 A코스에 오르기까지 걸린 시간은 $8+4+8=20$분이고 성훈이가 C코스를 타고 내려온 후 리프팅을 탑승하여 다시 C코스에 오르기까지 걸린 시간은 $6+10.5+8.5=25$분이다.

따라서 민철이와 성훈이는 100분마다 동시에 내려가기 시작하므로 세 번째로 동시에 내려가기 시작하는 시간은 300분 후인 오후 5시이다.

27

정답 ①

할아버지 댁까지 가는 데 걸린 시간은 다음과 같다.

$$\frac{25}{10}+\frac{25}{15}=\frac{25}{6}=4\frac{1}{6}$$

즉, 걸린 시간은 4시간 10분이므로 오후 4시에 도착했다면 오전 11시 50분에 집에서 나왔다는 것을 알 수 있다.

28

정답 ②

철수와 영희가 처음 만날 때까지 걸린 시간을 x분이라고 하자. x분 동안 철수와 영희의 이동거리는 각각 $70x$m, $30x$m이므로

$$70x+30x=1,000$$
$$\therefore \ x=10$$

29

정답 ②

라임이의 나이를 x세라 하면, 아버지의 나이는 $(x+28)$세이다.

$$x+28=3x \ \rightarrow \ x=14$$

따라서 아버지의 나이는 $3\times14=42$세이다.

30

정답 ③

두 사람이 각각 헤어숍에 방문하는 간격인 10과 16의 최소공배수 80을 일주일 단위로 계산하면 11주 3일($80\div7=11\cdots3$)이 되므로 두 사람은 일요일의 3일 후인 수요일에 다시 만나는 것을 알 수 있다.

31

정답 ①

자료는 비율을 나타내기 때문에 실업자의 수는 알 수 없다.

오답분석

② 실업자 비율은 2%p 증가하였다.
③ 경제활동인구 비율은 80%에서 70%로 감소하였다.
④ 취업자 비율은 12%p 감소한 반면, 실업자 비율은 2%p 증가하였기 때문에 취업자 비율의 증감폭이 더 크다.

32

정답 ②

B빌라 월세+한 달 교통비$=250,000+2.1\times2\times20\times1,000$
$=334,000$원

따라서 B빌라에서 33만 4천 원으로 살 수 있다.

오답분석

① A빌라는 392,000원, B빌라는 334,000원, C아파트는 372,800원으로 모두 40만 원으로 가능하다.
③ C아파트가 편도 거리 1.82km로 교통비가 가장 적게 든다.
④ C아파트는 372,800원으로 A빌라보다 19,200원 덜 든다.

33

정답 ④

참여율이 4번째로 높은 해는 2017년이다.

$$(\text{참여율의 증가율})=\frac{(\text{해당연도 참여율})-(\text{전년도 참여율})}{(\text{전년도 참여율})}$$

이므로 $\dfrac{6.9-5.7}{5.7}\times100 ≒ 21\%$이다.

34

정답 ①

자료를 분석하면 다음과 같다.

생산량(개)	0	1	2	3	4	5
총 판매수입 (만 원)	0	7	14	21	28	35
총 생산비용 (만 원)	5	9	12	17	24	33
이윤(만 원)	-5	-2	$+2$	$+4$	$+4$	$+2$

ㄱ. 2개와 5개를 생산할 때의 이윤은 $+2$로 동일하다.
ㄴ. 이윤은 생산량 3개와 4개에서 $+4$로 가장 크지만, 최대 생산량을 묻고 있으므로, 극대화할 수 있는 최대 생산량은 4개이다.

오답분석

ㄷ. 생산량을 4개에서 5개로 늘리면 이윤은 4만 원에서 2만 원으로 감소한다.
ㄹ. 1개를 생산하면 -2만 원이지만, 생산하지 않을 때는 -5만 원이다.

PART 2

35
정답 ④

- A부품 불량품 개수 : $3,000 \times 0.25 = 750$개
- B부품 불량품 개수 : $4,100 \times 0.15 = 615$개

따라서 A, B부품의 한 달 동안 불량품 개수 차이는 $750 - 615 = 135$개이다.

36
정답 ③

정상가로 A∼C과자를 2봉지씩 구매할 수 있는 금액은 $(1,500 + 1,200 + 2,000) \times 2 = 4,700 \times 2 = 9,400$원이다.

이 금액으로 A∼C과자를 할인된 가격으로 2봉지씩 구매하고 남은 금액은 $9,400 - \{(1,500 + 1,200) \times 0.8 + 2,000 \times 0.6\} \times 2 = 9,400 - 3,360 \times 2 = 9,400 - 6,720 = 2,680$원이다.

따라서 $\dfrac{2,680}{1,500 \times 0.8} ≒ 2.23$이므로 남은 금액으로 A과자를 2봉지 더 구매할 수 있다.

37
정답 ④

흡연자 A씨가 금연프로그램에 참여하면서 진료 및 상담 비용과 금연보조제(니코틴패치) 구매에 지불해야 하는 부담금은 지원금을 제외한 나머지이다.

따라서 A씨가 부담하는 금액은 총 $30,000 \times 0.1 \times 6 + 12,000 \times 0.25 \times 3 = 18,000 + 9,000 = 27,000$원이다.

38
정답 ④

ㄴ. A방송사의 연간 방송시간 중 보도시간의 비율을 구하면 $\dfrac{2,343}{(2,343 + 3,707 + 1,274)} \times 100 ≒ 32.0\%$이고 D방송사의 교양방송 비율은 $\dfrac{2,498}{(1,586 + 2,498 + 3,310)} \times 100 ≒ 33.8\%$로 D방송사의 교양방송비율이 더 높다.

ㄹ. 전체방송시간은 $6,304$(전체보도시간) $+ 12,181$(전체교양시간) $+ 10,815$(전체오락시간) $= 29,300$시간이고, 이 중 오락의 비율은 $\dfrac{10,815}{29,300} \times 100 ≒ 36.9\%$로 40% 이하이다.

[오답분석]

ㄱ. 전체보도시간은 $2,343 + 791 + 1,584 + 1,586 = 6,304$시간이고, 교양시간은 $3,707 + 3,456 + 2,520 + 2,498 = 12,181$시간이고, 오락시간은 $1,274 + 2,988 + 3,243 + 3,310 = 10,815$시간으로, 방송시간은 교양, 오락, 보도 순으로 많다.

ㄷ. A의 연간 방송 시간 중 보도시간 비율은 $\dfrac{2,343}{(2,343 + 3,707 + 1,274)} \times 100 ≒ 32.0\%$,

B는 $\dfrac{791}{(791 + 3,456 + 2,988)} \times 100 ≒ 10.9\%$,

C는 $\dfrac{1,584}{(1,584 + 2,520 + 3,243)} \times 100 ≒ 21.6\%$,

D는 $\dfrac{1,586}{(1,586 + 2,498 + 3,310)} \times 100 ≒ 21.4\%$이다.

따라서 A의 보도시간 비율이 가장 높다.

39
정답 ③

㉠ 초등학생에서 중학생, 고등학생으로 올라갈수록 스마트폰($7.2\% → 5.5\% → 3.1\%$)과 PC($42.5\% → 37.8\% → 30.2\%$)의 이용률은 감소하는 반면 태블릿PC($15.9\% → 19.9\% → 28.5\%$)와 노트북($34.4\% → 36.8\% → 38.2\%$)의 이용률은 증가하고 있다.

㉢ 태블릿PC와 노트북의 남학생 · 여학생 이용률의 차이는 다음과 같다.
- 태블릿PC : $28.1 - 11.7 = 16.4$%p
- 노트북 : $39.1 - 30.9 = 8.2$%p

따라서 태블릿PC의 남학생 · 여학생 이용률은 노트북의 2배이다.

[오답분석]

㉡ 초 · 중 · 고등학생의 노트북과 PC의 이용률의 차이는 다음과 같다.
- 초등학생 : $42.5 - 34.4 = 8.1$%p
- 중학생 : $37.8 - 36.8 = 1$%p
- 고등학생 : $38.2 - 30.2 = 8$%p

따라서 중학생의 노트북과 PC의 이용률 차이가 가장 작다.

40
정답 ②

가장 구성비가 큰 항목은 국민연금으로 57%이며, 네 번째로 구성비가 큰 항목은 사적연금으로 8.5%이다. 따라서 가장 구성비가 큰 항목의 구성비 대비 네 번째로 구성비가 큰 항목의 구성비의 비율은 $\dfrac{8.5}{57.0} \times 100 ≒ 14.9\%$이다.

| 02 | 추리능력검사

01	02	03	04	05	06	07	08	09	10
②	③	②	③	②	④	③	④	①	②
11	12	13	14	15	16	17	18	19	20
②	④	③	④	②	④	②	④	②	③
21	22	23	24	25	26	27	28	29	30
①	③	①	①	①	③	①	③	③	①
31	32	33	34	35	36	37	38	39	40
①	②	③	④	①	③	④	②	③	④

01 정답 ②

제시된 조건에 따르면 ㄴㄴ=ㅎㅎㅎㅎ=ㅿㅎㅿ이므로 ?에 들어갈 문자는 ②이다.

02 정답 ③

제시된 조건에 따르면 ㄷㅿ=ㅿㅿㅿㅿ=ㅿㅎㅿㅎ이므로 ?에 들어갈 문자는 ③이다.

03 정답 ②

제시된 조건에 따르면 ♡♡ఉ=ఉఉ이므로 ?에 들어갈 문자는 ②이다.

04 정답 ③

제시된 조건에 따르면 ♠♥=ఉఉ♥이므로 ?에 들어갈 문자는 ③이다.

05 정답 ②

제시된 조건에 따르면 p.mp.m.=amp.m.이므로 ?에 들어갈 문자는 ②이다.

06 정답 ④

제시된 조건에 따르면 ™ ™ =p.mp.mp.mp.m.=amp.ma.mp.m.이므로 ?에 들어갈 문자는 ④이다.

07 정답 ③

제시된 조건에 따르면 ◐□=□□□=◈이므로 ?에 들어갈 문자는 ③이다.

08 정답 ④

제시된 조건에 따르면 ◉◉◉■=◉■□■=◉◐이므로 ?에 들어갈 문자는 ④이다.

09 정답 ①

제시된 조건에 따르면 ₩₩=⊕✿⊕✿=±⊕✿이므로 ?에 들어갈 문자는 ①이다.

10 정답 ②

제시된 조건에 따르면 ⁂±=±±±=⊕✿⊕✿±이므로 ?에 들어갈 문자는 ②이다.

11 정답 ②

제시된 조건에 따르면 ⊙ㄹㄹ=◉⊙=⊖ㄹㄹ이므로 ?에 들어갈 문자는 ②이다.

12 정답 ④

제시된 조건에 따르면 ⊖ℵℵ=⊖⊖⊖ℵ=⊖⊖◉⊙ℵ이므로 ?에 들어갈 문자는 ④이다.

13 정답 ③

제시된 조건에 따르면 ⟸⟹=⟸⟸=⟶⟻이므로 ?에 들어갈 문자는 ③이다.

14 정답 ④

제시된 조건에 따르면 ⟺⟺=⟶⟶⟶⟶=⟹⟹이므로 ?에 들어갈 문자는 ④이다.

15 정답 ②

제시된 조건에 따르면 ≩≩=≂≂≂≂=≊≂이므로 ?에 들어갈 문자는 ②이다.

16 정답 ④

제시된 조건에 따르면 ≅＝≈≈≈＝⊢⊢⊢⊢⊢이므로 ?에 들어갈 문자는 ④이다.

17 정답 ②

제시된 조건에 따르면 ←↜°＝↝↗＝←↘이므로 ?에 들어갈 문자는 ②이다.

18 정답 ④

제시된 조건에 따르면 ↜↜↜↜＝←↜↜↜↜＝↝↝↝↝↝이므로 ?에 들어갈 문자는 ④이다.

19 정답 ②

제시된 조건에 따르면 ♡＝◠◠＝⌒⌒⌒이므로 ?에 들어갈 문자는 ②이다.

20 정답 ③

제시된 조건에 따르면 ◠◠＝◠◠◠◠＝◠◠⌒⌒⌒이므로 ?에 들어갈 문자는 ③이다.

21 정답 ①

부모에게 칭찬을 많이 받으면 인간관계가 원만하고, 인간관계가 원만하면 긍정적으로 사고하기 때문에 부모에게 칭찬을 많이 받은 주영이는 사고방식이 긍정적이다.

22 정답 ③

게으른 사람은 항상 일을 미루고 목표를 달성하지 못한다. 그러나 목표를 달성하지 못한 사람 중 게으른 사람은 전부 또는 일부일 수도 있으므로 알 수 없다.

23 정답 ①

미세먼지 가운데 $2.5\mu m$ 이하의 입자는 초미세먼지이고, 초미세먼지는 호흡기에서 걸러낼 수 없기 때문에 $2.4\mu m$ 입자의 초미세먼지는 호흡기에서 걸러낼 수 없다.

24 정답 ①

각 사람이 가져간 케이크의 내각은 다음과 같다.
- A : $360°\div 2=180°$
- B : $180°\div 2=90°$
- C : $90°\times\dfrac{2}{3}=60°$
- D : $90°-60°=30°$

따라서 D는 B가 가져간 케이크 양의 3분의 1을 가져갔다.

25 정답 ①

각 명제를 식으로 정리하면 다음과 같다.
- 갑 → ~을
- 병 → 을 (~을 → ~병)
- ~정 → 병 (~병 → 정)

이를 관계식으로 표현하면 갑 → ~을 → ~병 → 정이다. 제시문 B의 대우인 갑 → 정이 성립하므로 '정이 시험에 통과하지 못한다면, 갑도 시험에 통과하지 못한다.'는 참이다.

26 정답 ③

제시문을 식으로 나타내면 다음과 같다.
- 속도 : 자동차>마차, 비행기>자동차
- 무게 : 자동차>마차

이를 정리해 보면, 속도에서 '비행기>자동차>마차' 순으로 빠르며, 무게에서 '자동차>마차' 순으로 무겁다. 하지만 비행기에 대한 무게는 나와 있지 않아서 비행기가 가장 무거운지는 알 수 없다.

27 정답 ①

26번의 해설에 따라 속도는 '비행기>자동차>마차' 순으로 빠르다.

28 정답 ③

우선 다섯 번째 문장에 따라 B집에서 고양이를 키운다는 것을 알 수 있다. 그리고 세 번째 문장에 따라 '고슴도치 - 앵무새' 순서가 되어야 하므로, 'C - D' 또는 'D - E'에 배치해야 한다. 그런데 E집에서는 강아지를 키우지 않는다고 하였으므로, 가능한 경우는 다음의 3가지이다.

구분	A	B	C	D	E
경우1	강아지	고양이	고슴도치	앵무새	햄스터
경우2	강아지	고양이	햄스터	고슴도치	앵무새
경우3	햄스터	고양이	강아지	고슴도치	앵무새

따라서 A집에서 햄스터 또는 강아지를 키울 수 있으므로 알 수 없다.

29

정답 ③

D집에서는 앵무새 또는 고슴도치를 키울 수 있으므로 알 수 없다.

30

정답 ①

28번 해설에 의해 참이다.

31

정답 ①

A고등학교 학생은 봉사활동을 해야 졸업한다. 즉, A고등학교 졸업생 중에는 봉사활동을 하지 않은 학생이 없다.

32

정답 ②

'축구를 좋아한다.'를 A, '골프를 좋아한다.'를 B, '야구를 좋아한다.'를 C, '농구를 좋아한다.'를 D라고 하면 'A → ~B → ~C → D'가 성립함을 알 수 있다.

33

정답 ③

주어진 명제가 모두 참이면 명제의 대우도 모두 참이 된다. 따라서 명제와 대우 명제를 정리하면 다음과 같다.
- 마케팅 팀 ○ → 기획 역량 ○ / 기획 역량 × → 마케팅 팀 ×
- 마케팅 팀 × → 영업 역량 × / 영업 역량 ○ → 마케팅 팀 ○
- 기획 역량 × → 소통 역량 × / 소통 역량 ○ → 기획 역량 ○
- 영업 역량 ○ → 마케팅 팀 ○ → 기획 역량 ○
- 기획 역량 × → 마케팅 팀 × → 영업 역량 ×

영업 역량을 가진 사원은 마케팅 팀이고, 마케팅 팀인 사원은 기획 역량이 있다. 따라서 '영업 역량을 가진 사원은 기획 역량이 있다.'라는 명제는 참이다.

오답분석
① 마케팅 팀 사원의 영업 역량 유무는 주어진 명제만으로는 알 수 없다.
② 소통 역량이 있는 사원이 마케팅 팀인지의 여부는 주어진 명제만으로는 알 수 없다.
④ 기획 역량이 있는 사원이 소통 역량을 가지고 있는지의 여부는 주어진 명제만으로는 알 수 없다.

34

정답 ④

세 번째, 네 번째 명제에 의해, 종열이와 지훈이는 춤을 추지 않았다. 또한, 두 번째 명제의 대우에 의해, 재현이가 춤을 추었고, 첫 번째 명제에 따라 서현이가 춤을 추었다.

35

정답 ①

주어진 조건에 따라 좌석을 무대와 가까운 순서대로 나열하면 '현수 – 형호 – 재현 – 지연 – 주현'이므로 형호는 현수와 재현 사이의 좌석을 예매했음을 알 수 있다.

오답분석
② 제시된 조건만으로 정확한 좌석의 위치를 알 수 없으므로 서로의 좌석이 바로 뒤 또는 바로 앞의 좌석인지는 추론할 수 없다.

36

정답 ③

어떤 남자는 경제학을 좋아하고, 경제학을 좋아하는 남자는 국문학을 좋아하고, 국문학을 좋아하는 남자는 영문학을 좋아한다. 따라서 어떤 남자는 영문학을 좋아한다.

37

정답 ④

첫 번째 명제의 대우와 두 번째 명제를 정리하면 '모든 학생 → 국어 수업 → 수학 수업'이 되어 '모든 학생은 국어 수업과 수학 수업을 듣는다.'가 성립한다. 세 번째 명제에서 수학 수업을 듣는 '어떤' 학생들이 영어 수업을 듣는다고 했으므로, '어떤 학생들은 국어, 수학, 영어 수업을 듣는다.'가 성립한다.

38

정답 ②

설현은 석정의 가방을, 보민은 설현의 가방을, 석정은 보민의 가방을 들었다.

39

정답 ③

명제가 참이면 그 명제의 대우도 항상 참이다. ③은 첫 번째 명제의 대우이므로 바르게 유추한 문장이다.

40

정답 ④

어떤 여자는 바다를 좋아하고, 바다를 좋아하는 여자는 직업이 선생님이고, 직업이 선생님인 여자는 슬기롭다. 따라서 어떤 여자는 슬기롭다.

01	02	03	04	05	06	07	08	09	10
②	④	②	④	④	④	②	①	①	④
11	12	13	14	15	16	17	18	19	20
②	④	④	①	①	②	①	③	①	④
21	22	23	24	25	26	27	28	29	30
④	④	④	④	②	③	③	③	①	①
31	32	33	34	35	36	37	38	39	40
①	①	②	③	③	①	③	①	③	④

01 정답 ②

Ⅵ은 4번째에 제시된 문자이므로 정답은 ②이다.

02 정답 ④

ⅱ은 8번째에 제시된 문자이므로 정답은 ④이다.

03 정답 ②

xi은 2번째에 제시된 문자이므로 정답은 ②이다.

04 정답 ④

Ⅻ은 6번째에 제시된 문자이므로 정답은 ④이다.

05 정답 ④

Γ은 7번째에 제시된 문자이므로 정답은 ④이다.

06 정답 ④

Δ은 5번째에 제시된 문자이므로 정답은 ④이다.

07 정답 ②

Θ은 6번째에 제시된 문자이므로 정답은 ②이다.

08 정답 ①

ς은 2번째에 제시된 문자이므로 정답은 ①이다.

09 정답 ①

▶은 2번째에 제시된 문자이므로 정답은 ①이다.

10 정답 ④

◑은 8번째에 제시된 문자이므로 정답은 ④이다.

11 정답 ②

♡은 3번째에 제시된 문자이므로 정답은 ②이다.

12 정답 ④

■은 6번째에 제시된 문자이므로 정답은 ④이다.

13 정답 ④

⊟은 6번째에 제시된 문자이므로 정답은 ④이다.

14 정답 ①

⊡은 2번째에 제시된 문자이므로 정답은 ①이다.

15 정답 ①

◔은 1번째에 제시된 문자이므로 정답은 ①이다.

16 정답 ②

◕은 4번째에 제시된 문자이므로 정답은 ②이다.

17 정답 ①

☆은 3번째에 제시된 문자이므로 정답은 ①이다.

18 정답 ③

☽은 6번째에 제시된 문자이므로 정답은 ③이다.

19 정답 ①

♥은 2번째에 제시된 문자이므로 정답은 ①이다.

20

'ᄇ'은 8번째에 제시된 문자이므로 정답은 ④이다.

21

정답 ④

오답분석

①

②

③

22

정답 ④

오답분석

①

②

③

23

정답 ④

오답분석

①

②

③

24

정답 ④

오답분석

①

②

③

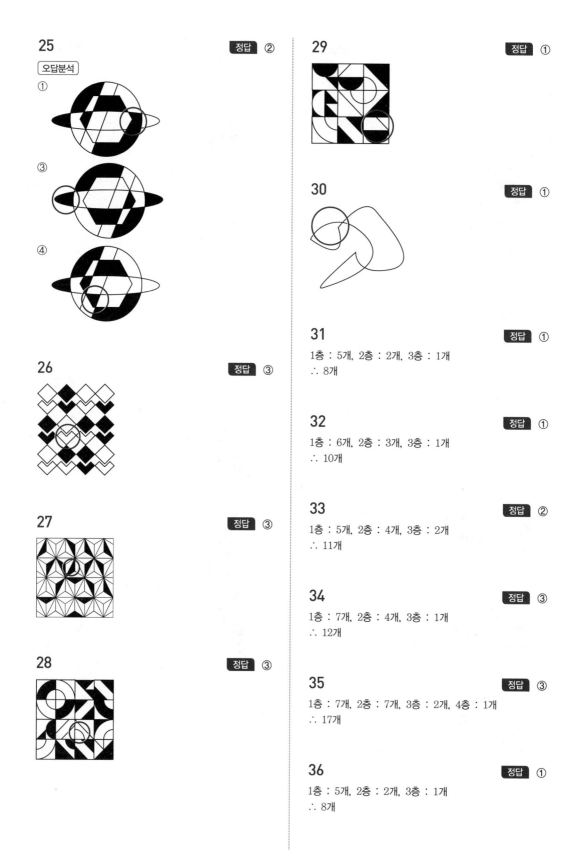

25

오답분석

①

③

④

26

정답 ③

27

정답 ③

28

정답 ③

29

정답 ①

30

정답 ①

31

정답 ①

1층 : 5개, 2층 : 2개, 3층 : 1개
∴ 8개

32

정답 ①

1층 : 6개, 2층 : 3개, 3층 : 1개
∴ 10개

33

정답 ②

1층 : 5개, 2층 : 4개, 3층 : 2개
∴ 11개

34

정답 ③

1층 : 7개, 2층 : 4개, 3층 : 1개
∴ 12개

35

정답 ③

1층 : 7개, 2층 : 7개, 3층 : 2개, 4층 : 1개
∴ 17개

36

정답 ①

1층 : 5개, 2층 : 2개, 3층 : 1개
∴ 8개

37

정답 ③

1층 : 6개, 2층 : 2개, 3층 : 1개

∴ 9개

38

정답 ①

1층 : 21개, 2층 : 18개, 3층 : 14개, 4층 : 10개, 5층 : 4개

∴ 67개

39

정답 ③

1층 : 20개, 2층 : 16개, 3층 : 13개, 4층 : 7개, 5층 : 2개

∴ 58개

40

정답 ④

1층 : 20개, 2층 : 14개, 3층 : 8개, 4층 : 5개, 5층 : 1개

∴ 48개

모든 전사 중 가장 강한 전사는 이 두 가지, 시간과 인내다.

- 레프 톨스토이 -

GSAT 삼성 온라인 직무적성검사 5급 고졸채용 필기시험 답안지

수리능력검사

문번	1	2	3	4		문번	1	2	3	4
1	①	②	③	④		21	①	②	③	④
2	①	②	③	④		22	①	②	③	④
3	①	②	③	④		23	①	②	③	④
4	①	②	③	④		24	①	②	③	④
5	①	②	③	④		25	①	②	③	④
6	①	②	③	④		26	①	②	③	④
7	①	②	③	④		27	①	②	③	④
8	①	②	③	④		28	①	②	③	④
9	①	②	③	④		29	①	②	③	④
10	①	②	③	④		30	①	②	③	④
11	①	②	③	④		31	①	②	③	④
12	①	②	③	④		32	①	②	③	④
13	①	②	③	④		33	①	②	③	④
14	①	②	③	④		34	①	②	③	④
15	①	②	③	④		35	①	②	③	④
16	①	②	③	④		36	①	②	③	④
17	①	②	③	④		37	①	②	③	④
18	①	②	③	④		38	①	②	③	④
19	①	②	③	④		39	①	②	③	④
20	①	②	③	④		40	①	②	③	④

추리능력검사

문번	1	2	3	4		문번	1	2	3	4
1	①	②	③	④		21	①	②	③	④
2	①	②	③	④		22	①	②	③	④
3	①	②	③	④		23	①	②	③	④
4	①	②	③	④		24	①	②	③	④
5	①	②	③	④		25	①	②	③	④
6	①	②	③	④		26	①	②	③	④
7	①	②	③	④		27	①	②	③	④
8	①	②	③	④		28	①	②	③	④
9	①	②	③	④		29	①	②	③	④
10	①	②	③	④		30	①	②	③	④
11	①	②	③	④		31	①	②	③	④
12	①	②	③	④		32	①	②	③	④
13	①	②	③	④		33	①	②	③	④
14	①	②	③	④		34	①	②	③	④
15	①	②	③	④		35	①	②	③	④
16	①	②	③	④		36	①	②	③	④
17	①	②	③	④		37	①	②	③	④
18	①	②	③	④		38	①	②	③	④
19	①	②	③	④		39	①	②	③	④
20	①	②	③	④		40	①	②	③	④

지각능력검사

문번	1	2	3	4		문번	1	2	3	4
1	①	②	③	④		21	①	②	③	④
2	①	②	③	④		22	①	②	③	④
3	①	②	③	④		23	①	②	③	④
4	①	②	③	④		24	①	②	③	④
5	①	②	③	④		25	①	②	③	④
6	①	②	③	④		26	①	②	③	④
7	①	②	③	④		27	①	②	③	④
8	①	②	③	④		28	①	②	③	④
9	①	②	③	④		29	①	②	③	④
10	①	②	③	④		30	①	②	③	④
11	①	②	③	④		31	①	②	③	④
12	①	②	③	④		32	①	②	③	④
13	①	②	③	④		33	①	②	③	④
14	①	②	③	④		34	①	②	③	④
15	①	②	③	④		35	①	②	③	④
16	①	②	③	④		36	①	②	③	④
17	①	②	③	④		37	①	②	③	④
18	①	②	③	④		38	①	②	③	④
19	①	②	③	④		39	①	②	③	④
20	①	②	③	④		40	①	②	③	④

고사장

성명

수험번호

⊖	①	②	③	④	⑤	⑥	⑦	⑧	⑨
⊖	①	②	③	④	⑤	⑥	⑦	⑧	⑨
⊖	①	②	③	④	⑤	⑥	⑦	⑧	⑨
⊖	①	②	③	④	⑤	⑥	⑦	⑧	⑨
⊖	①	②	③	④	⑤	⑥	⑦	⑧	⑨
⊖	①	②	③	④	⑤	⑥	⑦	⑧	⑨
⊖	①	②	③	④	⑤	⑥	⑦	⑧	⑨

감독위원 확인

(인)

GSAT 삼성 온라인 직무적성검사 5급 고졸채용 필기시험 답안지

고사장

성명

수험번호

0	0	0	0	0	0	0
①	①	①	①	①	①	①
②	②	②	②	②	②	②
③	③	③	③	③	③	③
④	④	④	④	④	④	④
⑤	⑤	⑤	⑤	⑤	⑤	⑤
⑥	⑥	⑥	⑥	⑥	⑥	⑥
⑦	⑦	⑦	⑦	⑦	⑦	⑦
⑧	⑧	⑧	⑧	⑧	⑧	⑧
⑨	⑨	⑨	⑨	⑨	⑨	⑨

감독위원 확인 (인)

수리능력검사

문번	1 2 3 4	문번	1 2 3 4
1	① ② ③ ④	21	① ② ③ ④
2	① ② ③ ④	22	① ② ③ ④
3	① ② ③ ④	23	① ② ③ ④
4	① ② ③ ④	24	① ② ③ ④
5	① ② ③ ④	25	① ② ③ ④
6	① ② ③ ④	26	① ② ③ ④
7	① ② ③ ④	27	① ② ③ ④
8	① ② ③ ④	28	① ② ③ ④
9	① ② ③ ④	29	① ② ③ ④
10	① ② ③ ④	30	① ② ③ ④
11	① ② ③ ④	31	① ② ③ ④
12	① ② ③ ④	32	① ② ③ ④
13	① ② ③ ④	33	① ② ③ ④
14	① ② ③ ④	34	① ② ③ ④
15	① ② ③ ④	35	① ② ③ ④
16	① ② ③ ④	36	① ② ③ ④
17	① ② ③ ④	37	① ② ③ ④
18	① ② ③ ④	38	① ② ③ ④
19	① ② ③ ④	39	① ② ③ ④
20	① ② ③ ④	40	① ② ③ ④

추리능력검사

문번	1 2 3 4	문번	1 2 3 4
1	① ② ③ ④	21	① ② ③ ④
2	① ② ③ ④	22	① ② ③ ④
3	① ② ③ ④	23	① ② ③ ④
4	① ② ③ ④	24	① ② ③ ④
5	① ② ③ ④	25	① ② ③ ④
6	① ② ③ ④	26	① ② ③ ④
7	① ② ③ ④	27	① ② ③ ④
8	① ② ③ ④	28	① ② ③ ④
9	① ② ③ ④	29	① ② ③ ④
10	① ② ③ ④	30	① ② ③ ④
11	① ② ③ ④	31	① ② ③ ④
12	① ② ③ ④	32	① ② ③ ④
13	① ② ③ ④	33	① ② ③ ④
14	① ② ③ ④	34	① ② ③ ④
15	① ② ③ ④	35	① ② ③ ④
16	① ② ③ ④	36	① ② ③ ④
17	① ② ③ ④	37	① ② ③ ④
18	① ② ③ ④	38	① ② ③ ④
19	① ② ③ ④	39	① ② ③ ④
20	① ② ③ ④	40	① ② ③ ④

지각능력검사

문번	1 2 3 4	문번	1 2 3 4
1	① ② ③ ④	21	① ② ③ ④
2	① ② ③ ④	22	① ② ③ ④
3	① ② ③ ④	23	① ② ③ ④
4	① ② ③ ④	24	① ② ③ ④
5	① ② ③ ④	25	① ② ③ ④
6	① ② ③ ④	26	① ② ③ ④
7	① ② ③ ④	27	① ② ③ ④
8	① ② ③ ④	28	① ② ③ ④
9	① ② ③ ④	29	① ② ③ ④
10	① ② ③ ④	30	① ② ③ ④
11	① ② ③ ④	31	① ② ③ ④
12	① ② ③ ④	32	① ② ③ ④
13	① ② ③ ④	33	① ② ③ ④
14	① ② ③ ④	34	① ② ③ ④
15	① ② ③ ④	35	① ② ③ ④
16	① ② ③ ④	36	① ② ③ ④
17	① ② ③ ④	37	① ② ③ ④
18	① ② ③ ④	38	① ② ③ ④
19	① ② ③ ④	39	① ② ③ ④
20	① ② ③ ④	40	① ② ③ ④

GSAT 삼성 온라인 직무적성검사 5급 고졸채용 필기시험 답안지

수리능력검사

문번	1	2	3	4	문번	1	2	3	4
1	①	②	③	④	21	①	②	③	④
2	①	②	③	④	22	①	②	③	④
3	①	②	③	④	23	①	②	③	④
4	①	②	③	④	24	①	②	③	④
5	①	②	③	④	25	①	②	③	④
6	①	②	③	④	26	①	②	③	④
7	①	②	③	④	27	①	②	③	④
8	①	②	③	④	28	①	②	③	④
9	①	②	③	④	29	①	②	③	④
10	①	②	③	④	30	①	②	③	④
11	①	②	③	④	31	①	②	③	④
12	①	②	③	④	32	①	②	③	④
13	①	②	③	④	33	①	②	③	④
14	①	②	③	④	34	①	②	③	④
15	①	②	③	④	35	①	②	③	④
16	①	②	③	④	36	①	②	③	④
17	①	②	③	④	37	①	②	③	④
18	①	②	③	④	38	①	②	③	④
19	①	②	③	④	39	①	②	③	④
20	①	②	③	④	40	①	②	③	④

추리능력검사

문번	1	2	3	4	문번	1	2	3	4
1	①	②	③	④	21	①	②	③	④
2	①	②	③	④	22	①	②	③	④
3	①	②	③	④	23	①	②	③	④
4	①	②	③	④	24	①	②	③	④
5	①	②	③	④	25	①	②	③	④
6	①	②	③	④	26	①	②	③	④
7	①	②	③	④	27	①	②	③	④
8	①	②	③	④	28	①	②	③	④
9	①	②	③	④	29	①	②	③	④
10	①	②	③	④	30	①	②	③	④
11	①	②	③	④	31	①	②	③	④
12	①	②	③	④	32	①	②	③	④
13	①	②	③	④	33	①	②	③	④
14	①	②	③	④	34	①	②	③	④
15	①	②	③	④	35	①	②	③	④
16	①	②	③	④	36	①	②	③	④
17	①	②	③	④	37	①	②	③	④
18	①	②	③	④	38	①	②	③	④
19	①	②	③	④	39	①	②	③	④
20	①	②	③	④	40	①	②	③	④

지각능력검사

문번	1	2	3	4	문번	1	2	3	4
1	①	②	③	④	21	①	②	③	④
2	①	②	③	④	22	①	②	③	④
3	①	②	③	④	23	①	②	③	④
4	①	②	③	④	24	①	②	③	④
5	①	②	③	④	25	①	②	③	④
6	①	②	③	④	26	①	②	③	④
7	①	②	③	④	27	①	②	③	④
8	①	②	③	④	28	①	②	③	④
9	①	②	③	④	29	①	②	③	④
10	①	②	③	④	30	①	②	③	④
11	①	②	③	④	31	①	②	③	④
12	①	②	③	④	32	①	②	③	④
13	①	②	③	④	33	①	②	③	④
14	①	②	③	④	34	①	②	③	④
15	①	②	③	④	35	①	②	③	④
16	①	②	③	④	36	①	②	③	④
17	①	②	③	④	37	①	②	③	④
18	①	②	③	④	38	①	②	③	④
19	①	②	③	④	39	①	②	③	④
20	①	②	③	④	40	①	②	③	④

고사장

성 명

수 험 번 호

⓪	⓪	⓪	⓪	⓪	⓪	⓪
①	①	①	①	①	①	①
②	②	②	②	②	②	②
③	③	③	③	③	③	③
④	④	④	④	④	④	④
⑤	⑤	⑤	⑤	⑤	⑤	⑤
⑥	⑥	⑥	⑥	⑥	⑥	⑥
⑦	⑦	⑦	⑦	⑦	⑦	⑦
⑧	⑧	⑧	⑧	⑧	⑧	⑧
⑨	⑨	⑨	⑨	⑨	⑨	⑨

감독위원 확인

(인)

GSAT 삼성 온라인 직무적성검사 5급 고졸채용 필기시험 답안지

고사장

성 명

수험번호						
⑩	⑩	⑩	⑩	⑩	⑩	
①	①	①	①	①	①	①
②	②	②	②	②	②	②
③	③	③	③	③	③	③
④	④	④	④	④	④	④
⑤	⑤	⑤	⑤	⑤	⑤	⑤
⑥	⑥	⑥	⑥	⑥	⑥	⑥
⑦	⑦	⑦	⑦	⑦	⑦	⑦
⑧	⑧	⑧	⑧	⑧	⑧	⑧
⑨	⑨	⑨	⑨	⑨	⑨	⑨

감독위원 확인 (인)

수리능력검사

문번	1	2	3	4	문번	1	2	3	4
1	①	②	③	④	21	①	②	③	④
2	①	②	③	④	22	①	②	③	④
3	①	②	③	④	23	①	②	③	④
4	①	②	③	④	24	①	②	③	④
5	①	②	③	④	25	①	②	③	④
6	①	②	③	④	26	①	②	③	④
7	①	②	③	④	27	①	②	③	④
8	①	②	③	④	28	①	②	③	④
9	①	②	③	④	29	①	②	③	④
10	①	②	③	④	30	①	②	③	④
11	①	②	③	④	31	①	②	③	④
12	①	②	③	④	32	①	②	③	④
13	①	②	③	④	33	①	②	③	④
14	①	②	③	④	34	①	②	③	④
15	①	②	③	④	35	①	②	③	④
16	①	②	③	④	36	①	②	③	④
17	①	②	③	④	37	①	②	③	④
18	①	②	③	④	38	①	②	③	④
19	①	②	③	④	39	①	②	③	④
20	①	②	③	④	40	①	②	③	④

추리능력검사

문번	1	2	3	4	문번	1	2	3	4
1	①	②	③	④	21	①	②	③	④
2	①	②	③	④	22	①	②	③	④
3	①	②	③	④	23	①	②	③	④
4	①	②	③	④	24	①	②	③	④
5	①	②	③	④	25	①	②	③	④
6	①	②	③	④	26	①	②	③	④
7	①	②	③	④	27	①	②	③	④
8	①	②	③	④	28	①	②	③	④
9	①	②	③	④	29	①	②	③	④
10	①	②	③	④	30	①	②	③	④
11	①	②	③	④	31	①	②	③	④
12	①	②	③	④	32	①	②	③	④
13	①	②	③	④	33	①	②	③	④
14	①	②	③	④	34	①	②	③	④
15	①	②	③	④	35	①	②	③	④
16	①	②	③	④	36	①	②	③	④
17	①	②	③	④	37	①	②	③	④
18	①	②	③	④	38	①	②	③	④
19	①	②	③	④	39	①	②	③	④
20	①	②	③	④	40	①	②	③	④

지각능력검사

문번	1	2	3	4	문번	1	2	3	4
1	①	②	③	④	21	①	②	③	④
2	①	②	③	④	22	①	②	③	④
3	①	②	③	④	23	①	②	③	④
4	①	②	③	④	24	①	②	③	④
5	①	②	③	④	25	①	②	③	④
6	①	②	③	④	26	①	②	③	④
7	①	②	③	④	27	①	②	③	④
8	①	②	③	④	28	①	②	③	④
9	①	②	③	④	29	①	②	③	④
10	①	②	③	④	30	①	②	③	④
11	①	②	③	④	31	①	②	③	④
12	①	②	③	④	32	①	②	③	④
13	①	②	③	④	33	①	②	③	④
14	①	②	③	④	34	①	②	③	④
15	①	②	③	④	35	①	②	③	④
16	①	②	③	④	36	①	②	③	④
17	①	②	③	④	37	①	②	③	④
18	①	②	③	④	38	①	②	③	④
19	①	②	③	④	39	①	②	③	④
20	①	②	③	④	40	①	②	③	④

GSAT 삼성 온라인 직무적성검사 5급 고졸채용 필기시험 답안지

수리능력검사

문번	1	2	3	4	문번	1	2	3	4
1	①	②	③	④	21	①	②	③	④
2	①	②	③	④	22	①	②	③	④
3	①	②	③	④	23	①	②	③	④
4	①	②	③	④	24	①	②	③	④
5	①	②	③	④	25	①	②	③	④
6	①	②	③	④	26	①	②	③	④
7	①	②	③	④	27	①	②	③	④
8	①	②	③	④	28	①	②	③	④
9	①	②	③	④	29	①	②	③	④
10	①	②	③	④	30	①	②	③	④
11	①	②	③	④	31	①	②	③	④
12	①	②	③	④	32	①	②	③	④
13	①	②	③	④	33	①	②	③	④
14	①	②	③	④	34	①	②	③	④
15	①	②	③	④	35	①	②	③	④
16	①	②	③	④	36	①	②	③	④
17	①	②	③	④	37	①	②	③	④
18	①	②	③	④	38	①	②	③	④
19	①	②	③	④	39	①	②	③	④
20	①	②	③	④	40	①	②	③	④

추리능력검사

문번	1	2	3	4	문번	1	2	3	4
1	①	②	③	④	21	①	②	③	④
2	①	②	③	④	22	①	②	③	④
3	①	②	③	④	23	①	②	③	④
4	①	②	③	④	24	①	②	③	④
5	①	②	③	④	25	①	②	③	④
6	①	②	③	④	26	①	②	③	④
7	①	②	③	④	27	①	②	③	④
8	①	②	③	④	28	①	②	③	④
9	①	②	③	④	29	①	②	③	④
10	①	②	③	④	30	①	②	③	④
11	①	②	③	④	31	①	②	③	④
12	①	②	③	④	32	①	②	③	④
13	①	②	③	④	33	①	②	③	④
14	①	②	③	④	34	①	②	③	④
15	①	②	③	④	35	①	②	③	④
16	①	②	③	④	36	①	②	③	④
17	①	②	③	④	37	①	②	③	④
18	①	②	③	④	38	①	②	③	④
19	①	②	③	④	39	①	②	③	④
20	①	②	③	④	40	①	②	③	④

지각능력검사

문번	1	2	3	4	문번	1	2	3	4
1	①	②	③	④	21	①	②	③	④
2	①	②	③	④	22	①	②	③	④
3	①	②	③	④	23	①	②	③	④
4	①	②	③	④	24	①	②	③	④
5	①	②	③	④	25	①	②	③	④
6	①	②	③	④	26	①	②	③	④
7	①	②	③	④	27	①	②	③	④
8	①	②	③	④	28	①	②	③	④
9	①	②	③	④	29	①	②	③	④
10	①	②	③	④	30	①	②	③	④
11	①	②	③	④	31	①	②	③	④
12	①	②	③	④	32	①	②	③	④
13	①	②	③	④	33	①	②	③	④
14	①	②	③	④	34	①	②	③	④
15	①	②	③	④	35	①	②	③	④
16	①	②	③	④	36	①	②	③	④
17	①	②	③	④	37	①	②	③	④
18	①	②	③	④	38	①	②	③	④
19	①	②	③	④	39	①	②	③	④
20	①	②	③	④	40	①	②	③	④

고사장

성 명

수 험 번 호

⓪	⓪	⓪	⓪	⓪	⓪	⓪
①	①	①	①	①	①	①
②	②	②	②	②	②	②
③	③	③	③	③	③	③
④	④	④	④	④	④	④
⑤	⑤	⑤	⑤	⑤	⑤	⑤
⑥	⑥	⑥	⑥	⑥	⑥	⑥
⑦	⑦	⑦	⑦	⑦	⑦	⑦
⑧	⑧	⑧	⑧	⑧	⑧	⑧
⑨	⑨	⑨	⑨	⑨	⑨	⑨

감독위원 확인

인

GSAT 삼성 온라인 직무적성검사 5급 고졸채용 필기시험 답안지

고사장

성명

수험번호

	⓪	⓪	⓪	⓪	⓪	⓪	
①	①	①	①	①	①	①	
②	②	②	②	②	②	②	②
③	③	③	③	③	③	③	③
④	④	④	④	④	④	④	④
⑤	⑤	⑤	⑤	⑤	⑤	⑤	⑤
⑥	⑥	⑥	⑥	⑥	⑥	⑥	⑥
⑦	⑦	⑦	⑦	⑦	⑦	⑦	⑦
⑧	⑧	⑧	⑧	⑧	⑧	⑧	⑧
⑨	⑨	⑨	⑨	⑨	⑨	⑨	⑨

감독위원 확인

(인)

수리능력검사

문번	1 2 3 4	문번	1 2 3 4
1	① ② ③ ④	21	① ② ③ ④
2	① ② ③ ④	22	① ② ③ ④
3	① ② ③ ④	23	① ② ③ ④
4	① ② ③ ④	24	① ② ③ ④
5	① ② ③ ④	25	① ② ③ ④
6	① ② ③ ④	26	① ② ③ ④
7	① ② ③ ④	27	① ② ③ ④
8	① ② ③ ④	28	① ② ③ ④
9	① ② ③ ④	29	① ② ③ ④
10	① ② ③ ④	30	① ② ③ ④
11	① ② ③ ④	31	① ② ③ ④
12	① ② ③ ④	32	① ② ③ ④
13	① ② ③ ④	33	① ② ③ ④
14	① ② ③ ④	34	① ② ③ ④
15	① ② ③ ④	35	① ② ③ ④
16	① ② ③ ④	36	① ② ③ ④
17	① ② ③ ④	37	① ② ③ ④
18	① ② ③ ④	38	① ② ③ ④
19	① ② ③ ④	39	① ② ③ ④
20	① ② ③ ④	40	① ② ③ ④

추리능력검사

문번	1 2 3 4	문번	1 2 3 4
1	① ② ③ ④	21	① ② ③ ④
2	① ② ③ ④	22	① ② ③ ④
3	① ② ③ ④	23	① ② ③ ④
4	① ② ③ ④	24	① ② ③ ④
5	① ② ③ ④	25	① ② ③ ④
6	① ② ③ ④	26	① ② ③ ④
7	① ② ③ ④	27	① ② ③ ④
8	① ② ③ ④	28	① ② ③ ④
9	① ② ③ ④	29	① ② ③ ④
10	① ② ③ ④	30	① ② ③ ④
11	① ② ③ ④	31	① ② ③ ④
12	① ② ③ ④	32	① ② ③ ④
13	① ② ③ ④	33	① ② ③ ④
14	① ② ③ ④	34	① ② ③ ④
15	① ② ③ ④	35	① ② ③ ④
16	① ② ③ ④	36	① ② ③ ④
17	① ② ③ ④	37	① ② ③ ④
18	① ② ③ ④	38	① ② ③ ④
19	① ② ③ ④	39	① ② ③ ④
20	① ② ③ ④	40	① ② ③ ④

지각능력검사

문번	1 2 3 4	문번	1 2 3 4
1	① ② ③ ④	21	① ② ③ ④
2	① ② ③ ④	22	① ② ③ ④
3	① ② ③ ④	23	① ② ③ ④
4	① ② ③ ④	24	① ② ③ ④
5	① ② ③ ④	25	① ② ③ ④
6	① ② ③ ④	26	① ② ③ ④
7	① ② ③ ④	27	① ② ③ ④
8	① ② ③ ④	28	① ② ③ ④
9	① ② ③ ④	29	① ② ③ ④
10	① ② ③ ④	30	① ② ③ ④
11	① ② ③ ④	31	① ② ③ ④
12	① ② ③ ④	32	① ② ③ ④
13	① ② ③ ④	33	① ② ③ ④
14	① ② ③ ④	34	① ② ③ ④
15	① ② ③ ④	35	① ② ③ ④
16	① ② ③ ④	36	① ② ③ ④
17	① ② ③ ④	37	① ② ③ ④
18	① ② ③ ④	38	① ② ③ ④
19	① ② ③ ④	39	① ② ③ ④
20	① ② ③ ④	40	① ② ③ ④

GSAT 삼성 온라인 직무적성검사 5급 고졸채용 필기시험 답안지

수리능력검사

문번	1	2	3	4	문번	1	2	3	4
1	①	②	③	④	21	①	②	③	④
2	①	②	③	④	22	①	②	③	④
3	①	②	③	④	23	①	②	③	④
4	①	②	③	④	24	①	②	③	④
5	①	②	③	④	25	①	②	③	④
6	①	②	③	④	26	①	②	③	④
7	①	②	③	④	27	①	②	③	④
8	①	②	③	④	28	①	②	③	④
9	①	②	③	④	29	①	②	③	④
10	①	②	③	④	30	①	②	③	④
11	①	②	③	④	31	①	②	③	④
12	①	②	③	④	32	①	②	③	④
13	①	②	③	④	33	①	②	③	④
14	①	②	③	④	34	①	②	③	④
15	①	②	③	④	35	①	②	③	④
16	①	②	③	④	36	①	②	③	④
17	①	②	③	④	37	①	②	③	④
18	①	②	③	④	38	①	②	③	④
19	①	②	③	④	39	①	②	③	④
20	①	②	③	④	40	①	②	③	④

추리능력검사

문번	1	2	3	4	문번	1	2	3	4
1	①	②	③	④	21	①	②	③	④
2	①	②	③	④	22	①	②	③	④
3	①	②	③	④	23	①	②	③	④
4	①	②	③	④	24	①	②	③	④
5	①	②	③	④	25	①	②	③	④
6	①	②	③	④	26	①	②	③	④
7	①	②	③	④	27	①	②	③	④
8	①	②	③	④	28	①	②	③	④
9	①	②	③	④	29	①	②	③	④
10	①	②	③	④	30	①	②	③	④
11	①	②	③	④	31	①	②	③	④
12	①	②	③	④	32	①	②	③	④
13	①	②	③	④	33	①	②	③	④
14	①	②	③	④	34	①	②	③	④
15	①	②	③	④	35	①	②	③	④
16	①	②	③	④	36	①	②	③	④
17	①	②	③	④	37	①	②	③	④
18	①	②	③	④	38	①	②	③	④
19	①	②	③	④	39	①	②	③	④
20	①	②	③	④	40	①	②	③	④

지각능력검사

문번	1	2	3	4	문번	1	2	3	4
1	①	②	③	④	21	①	②	③	④
2	①	②	③	④	22	①	②	③	④
3	①	②	③	④	23	①	②	③	④
4	①	②	③	④	24	①	②	③	④
5	①	②	③	④	25	①	②	③	④
6	①	②	③	④	26	①	②	③	④
7	①	②	③	④	27	①	②	③	④
8	①	②	③	④	28	①	②	③	④
9	①	②	③	④	29	①	②	③	④
10	①	②	③	④	30	①	②	③	④
11	①	②	③	④	31	①	②	③	④
12	①	②	③	④	32	①	②	③	④
13	①	②	③	④	33	①	②	③	④
14	①	②	③	④	34	①	②	③	④
15	①	②	③	④	35	①	②	③	④
16	①	②	③	④	36	①	②	③	④
17	①	②	③	④	37	①	②	③	④
18	①	②	③	④	38	①	②	③	④
19	①	②	③	④	39	①	②	③	④
20	①	②	③	④	40	①	②	③	④

교시장

성 명

수 험 번 호

⓪	⓪	⓪	⓪	⓪	⓪	⓪
①	①	①	①	①	①	①
②	②	②	②	②	②	②
③	③	③	③	③	③	③
④	④	④	④	④	④	④
⑤	⑤	⑤	⑤	⑤	⑤	⑤
⑥	⑥	⑥	⑥	⑥	⑥	⑥
⑦	⑦	⑦	⑦	⑦	⑦	⑦
⑧	⑧	⑧	⑧	⑧	⑧	⑧
⑨	⑨	⑨	⑨	⑨	⑨	⑨

감독위원 확인

인

GSAT 삼성 온라인 직무적성검사 5급 고졸채용 필기시험 답안지

고사장

성 명

수 험 번 호

⓪	①	②	③	④	⑤	⑥	⑦	⑧	⑨
⓪	①	②	③	④	⑤	⑥	⑦	⑧	⑨
⓪	①	②	③	④	⑤	⑥	⑦	⑧	⑨
⓪	①	②	③	④	⑤	⑥	⑦	⑧	⑨
⓪	①	②	③	④	⑤	⑥	⑦	⑧	⑨
⓪	①	②	③	④	⑤	⑥	⑦	⑧	⑨
	①	②	③	④	⑤	⑥	⑦	⑧	⑨

감독위원 확인 (인)

수리능력검사

문번	1 2 3 4	문번	1 2 3 4
1	① ② ③ ④	21	① ② ③ ④
2	① ② ③ ④	22	① ② ③ ④
3	① ② ③ ④	23	① ② ③ ④
4	① ② ③ ④	24	① ② ③ ④
5	① ② ③ ④	25	① ② ③ ④
6	① ② ③ ④	26	① ② ③ ④
7	① ② ③ ④	27	① ② ③ ④
8	① ② ③ ④	28	① ② ③ ④
9	① ② ③ ④	29	① ② ③ ④
10	① ② ③ ④	30	① ② ③ ④
11	① ② ③ ④	31	① ② ③ ④
12	① ② ③ ④	32	① ② ③ ④
13	① ② ③ ④	33	① ② ③ ④
14	① ② ③ ④	34	① ② ③ ④
15	① ② ③ ④	35	① ② ③ ④
16	① ② ③ ④	36	① ② ③ ④
17	① ② ③ ④	37	① ② ③ ④
18	① ② ③ ④	38	① ② ③ ④
19	① ② ③ ④	39	① ② ③ ④
20	① ② ③ ④	40	① ② ③ ④

추리능력검사

문번	1 2 3 4	문번	1 2 3 4
1	① ② ③ ④	21	① ② ③ ④
2	① ② ③ ④	22	① ② ③ ④
3	① ② ③ ④	23	① ② ③ ④
4	① ② ③ ④	24	① ② ③ ④
5	① ② ③ ④	25	① ② ③ ④
6	① ② ③ ④	26	① ② ③ ④
7	① ② ③ ④	27	① ② ③ ④
8	① ② ③ ④	28	① ② ③ ④
9	① ② ③ ④	29	① ② ③ ④
10	① ② ③ ④	30	① ② ③ ④
11	① ② ③ ④	31	① ② ③ ④
12	① ② ③ ④	32	① ② ③ ④
13	① ② ③ ④	33	① ② ③ ④
14	① ② ③ ④	34	① ② ③ ④
15	① ② ③ ④	35	① ② ③ ④
16	① ② ③ ④	36	① ② ③ ④
17	① ② ③ ④	37	① ② ③ ④
18	① ② ③ ④	38	① ② ③ ④
19	① ② ③ ④	39	① ② ③ ④
20	① ② ③ ④	40	① ② ③ ④

지각능력검사

문번	1 2 3 4	문번	1 2 3 4
1	① ② ③ ④	21	① ② ③ ④
2	① ② ③ ④	22	① ② ③ ④
3	① ② ③ ④	23	① ② ③ ④
4	① ② ③ ④	24	① ② ③ ④
5	① ② ③ ④	25	① ② ③ ④
6	① ② ③ ④	26	① ② ③ ④
7	① ② ③ ④	27	① ② ③ ④
8	① ② ③ ④	28	① ② ③ ④
9	① ② ③ ④	29	① ② ③ ④
10	① ② ③ ④	30	① ② ③ ④
11	① ② ③ ④	31	① ② ③ ④
12	① ② ③ ④	32	① ② ③ ④
13	① ② ③ ④	33	① ② ③ ④
14	① ② ③ ④	34	① ② ③ ④
15	① ② ③ ④	35	① ② ③ ④
16	① ② ③ ④	36	① ② ③ ④
17	① ② ③ ④	37	① ② ③ ④
18	① ② ③ ④	38	① ② ③ ④
19	① ② ③ ④	39	① ② ③ ④
20	① ② ③ ④	40	① ② ③ ④

2024 최신판 SD에듀 삼성 온라인 GSAT 5급 고졸채용 최종모의고사 7회 + 무료5급특강

개정15판3쇄 발행	2024년 05월 20일 (인쇄 2024년 04월 02일)
초 판 발 행	2016년 01월 15일 (인쇄 2015년 12월 01일)
발 행 인	박영일
책 임 편 집	이해욱
편 저	SDC(Sidae Data Center)
편 집 진 행	이근희 · 신주희
표지디자인	김지수
편집디자인	김보미 · 장성복
발 행 처	(주)시대고시기획
출 판 등 록	제10-1521호
주 소	서울시 마포구 큰우물로 75 [도화동 538 성지 B/D] 9F
전 화	1600-3600
팩 스	02-701-8823
홈 페 이 지	www.sdedu.co.kr

I S B N	979-11-383-6165-1 (13320)
정 가	23,000원

GSAT

Global Samsung Aptitude Test

5급 고졸채용

정답 및 해설

고졸 / 전문대졸 취업 기초부터 합격까지! 취업의 문을 여는 **Master Key!**

고졸/전문대졸 필기시험 시리즈

• SK그룹 생산직

• SK하이닉스
Operator / Maintenance

• SK이노베이션

• GSAT 5급

• GS칼텍스 생산기술직

• 포스코그룹
생산기술직 / 직업훈련생

※도서의 이미지 및 구성은 변동될 수 있습니다.

SD에듀가 합격을 준비하는 당신에게 제안합니다.

성공의 기회! SD에듀를 잡으십시오.

성공의 Next Step!

결심하셨다면 지금 당장 실행하십시오.
SD에듀와 함께라면 문제없습니다.

기회란 포착되어 활용되기 전에는
기회인지조차 알 수 없는 것이다.

- 마크 트웨인 -